Über die Methode der Privatrechtswissenschaft

von

Dr. Paul Kretschmar
ord. Professor der Rechte an der
Universität Innsbruck

Leipzig
Verlag von Veit & Comp.
1914

Über die Methode

der

Privatrechtswissenschaft

von

Dr. Paul Kretschmar
ord. Professor der Rechte an der
Universität Innsbruck

Leipzig
Verlag von Veit & Comp.
1914

Vorwort.

Die vorliegende Abhandlung ist zuerst als Rektoratsschrift im vorjährigen Rektoratsberichte der Universität Innsbruck erschienen und im Herbst 1913 abgeschlossen worden. Die Bestimmung, nicht nur den Fachmann zu orientieren, sondern für den akademisch Gebildeten überhaupt verständlich zu bleiben, legte der Darstellung gewisse Schranken auf, über die ich mich in der Sternnote (S. 5) ausgesprochen habe. Es lag nahe, für diese Separatausgabe eine Ueberarbeitung vorzunehmen: diejenigen Partien zu kürzen, welche für den Juristen zu ausführlich sind, andere zu vertiefen, wo eine weiter ausgreifende Begründung für den juristischen Leser erwünscht erschien. Doch überzeugte ich mich bald, daß durch einen solchen Eingriff ein abgerundetes Ergebnis, welches für die Zerstörung des ursprünglichen Charakters der Schrift Ersatz geboten hätte, nicht erzielt werden konnte. So habe ich mich darauf beschränkt, einige Bemerkungen und ergänzende Literaturnachweise einzufügen, welche der Arbeit den Charakter systematischer Geschlossenheit weder geben konnten, noch sollten.

Trotzdem glaube ich es rechtfertigen zu können, die vorliegende Abhandlung durch ihre separate Veröffentlichung einem weiteren Leserkreise zugänglich zu machen. Der vorausgesandte Ueberblick über die methodologischen Bewegungen, welche noch in den Kämpfen der Gegenwart fortwirken, ist vielleicht manchem Leser willkommen *).

Vor allem aber fühle ich mich gedrungen, der landläufigen Unterschätzung des Wertes der juristischen Konstruktion, wie sie als eine Gefahr für den wissenschaftlichen Betrieb der Jurisprudenz einer Zeit kritikloser Ueberschätzung gefolgt ist, durch den Versuch der Aufweisung der teleologischen Elemente, welche die methodisch richtig durchgeführte Konstruktion enthält, entgegenzutreten. Auch hier bin ich mir bewußt, nur gewisse Grundgedanken zu bieten, welche der weiteren methodischen Begründung und Durchführung bedürftig sind. Indessen kann die Darlegung eines Gedankens auch dann, wenn die systematische Verankerung noch nicht voll geglückt sein sollte, immerhin eine anregende Kraft entfalten.

In solcher Hoffnung gebe ich dieser Schrift das Geleitwort.

Innsbruck, den 22. April 1914.

Paul Kretschmar.

*) Hier ist übrigens auch auf die dogmengeschichtliche Uebersicht der Hermeneutik bei Géza Kiß in Jherings Jahrbüchern für Dogmatik, Bd. 52 (1911), S. 419 f. hinzuweisen.

I.*)

In der Geschichte der Wissenschaften wechseln Perioden, deren Charakter durch eine herrschende Methode der wissenschaftlichen Arbeit bestimmt wird, mit solchen, in denen der Zweifel an der Richtigkeit des von der Forschung eingeschlagenen Weges sich regt. In der Rechtswissenschaft deutet die immer mehr steigende Zahl der Schriften, in denen methodisch

*) Die folgenden Darlegungen wollen auch dem Nichtjuristen ein Bild der großen methodischen Bewegung geben, welche, wie die Wissenschaft überhaupt, so die Wissenschaft vom Privatrecht im besonderen durchzieht. Hierdurch war die Form der Darstellung bestimmt. Es mußte einerseits manches gesagt werden, was dem Juristen selbstverständlich ist, andererseits zwar nicht mit dem Durchdenken, wohl aber in der Darstellung vor manchem Halt gemacht werden, dessen Erörterung der Jurist erwartet; ja, es mußte selbst stellenweise, um für den Nichtfachmann verständlich zu bleiben, an der technischen Schärfe der Erörterung etwas abgebrochen werden. Dieser Verzicht, der den Juristen am schwersten ankommt, wird dem Verfasser nur durch die Hoffnung erleichtert, das Ergebnis längerer hier einschlagender Studien andern Orts in einer nicht durch die erwähnten Rücksichten gebundenen Fassung veröffentlichen zu können. Immerhin hoffe ich, daß die hier versuchte Darlegung der pragmatischen Zusammenhänge der so vielfach sich kreuzenden methodischen Bestrebungen und die Untersuchung über die grundsätzlich verschiedene Stellung von Wissenschaft und Praxis zu ihnen auch dem Juristen einiges bietet.

Die methodischen Bewegungen bis zu den siebziger Jahren sind nun in allen ihren verschiedenen Phasen von Landsberg in seiner Geschichte der deutschen Rechtswissenschaft (Bd. III. 1910) mit wahrhaft souveräner Herrschaft über das gewaltige Material meisterhaft dargestellt. Die vorliegenden Darlegungen enthalten nur einen kurzen aber bis unmittelbar neue Wege gesucht und empfohlen werden, darauf hin, daß die bisher geübte Arbeitsweise weiteren Kreisen als verbesserungs- oder gar ersatzbedürftig erscheint. Zu dem inneren Zweifel

---

an die Gegenwart herangeführten Ueberblick, der für das Verständnis der aktuellen Strebungen wichtig erschien, und dessen Grundzüge dem Verfasser schon vor dem Erscheinen des Landsbergschen Werkes feststanden.

Aus noch jüngerer Zeit sind zwei Werke, nämlich Stammlers: „Theorie der Rechtswissenschaft", 1911 (VII. 851 S.) und E. Jungs: „Das Problem des natürlichen Rechts", 1912 (IV. 334 S.), besonders hervorzuheben. Stammlers Werk schreitet mit der ganzen Wucht einer bis zur höchsten Einheit verdichteten Welt- und Wissenschaftsanschauung einher; es sucht, an der kritischen Philosophie orientiert, in teleologischer Betrachtungsweise eine Begründung der Erkenntnistheorie auf spezifisch rechtlichem Gebiete zu geben. Daher werden vor allem die reinen Formen aufgesucht, welche als a priori existierende Ordnungsprinzipien der wissenschaftlichen Erfassung eines jeden Rechts, unabhängig von seinem empirischen Inhalt zu Grunde liegen, — deren Geltung angenommen werden muß, w e n n Einheit der Rechtsgedanken möglich sein soll (vgl. besonders S. 3, 5, 13—17, 25, 33—36, 43). Dieser Gesichtspunkt tritt dann auch als herrschender bei der Bestimmung der Aufgabe der juristischen Methodenlehre hervor (vgl. besonders S. 265 f. und die beachtenswerte Ausführung über den Wert der Jurisprudenz als Wissenschaft auf S. 278). — E. Jung beleuchtet von einem eigenartigen rechtsphilosophischen Standpunkt aus eine große Zahl der methodisch wichtigen Probleme: Die Reaktion des Verletzten gegen erlittenes Unrecht ist ihm die Urerscheinung des Rechtslebens (S. 65, 90, 316); Unrecht aber nicht etwa die Nichtübereinstimmung eines bestimmten Verhaltens mit gewissen Regeln, sondern die friedenstörende Interessenverletzung (S. 104, 318); mithin ist die Regel und die in Regeln sich bewegende Gesetzgebung etwas Sekundäres — eine für seine methodische Auffassung bedeutsame Erwägung, da hiernach das Zurückgreifen auf die Rechtsempfindung beim Versagen der Regeln in der ursprünglichen Art der Rechtsbildung seine Grundlage findet und um deswillen als Erscheinung des normalen Rechtslebens gewertet wird (S. 316 f. 323).

Eine irgendwie erschöpfende Berücksichtigung des reichen Inhalts beider Werke verbot sich bei den Grenzen, welche diesen Darlegungen gesteckt sind, von selbst. So mag durch die vorstehende Charakteristik auf sie hingewiesen sein.

Ehrlichs Werk „Grundlegung der Soziologie des Rechts" (München 1913) konnte nicht mehr berücksichtigt werden.

Das Gleiche gilt von Fr. Geny, Science et Technique en droit privé positif (Paris 1914).

tritt der von der Seite der Rechtsanwendung her erklingende Vorwurf, daß die Praxis in der Bewältigung der Aufgaben des Rechtslebens von der Theorie im Stiche gelassen werde, ja, daß diese zum Hemmnis der Rechtsentwicklung geworden sei. Als weiteres gedankenbewegendes Problem schließt sich die Frage nach der Stellung der Rechtssprechung zu den Quellen des positiven Rechts, vor allem zum Gesetzesrecht an.

Sehr verschieden sind die Richtungen, in denen das Neue sich geltend macht und aus sehr verschiedenen geistigen Quellgebieten rühren seine Zuflüsse her. Vor allem sind die drei großen Gebiete der Philosophie, der allgemeinen Gesellschaftswissenschaft und der Naturwissenschaften beteiligt [1]). So erscheint es für das Verständnis und die kritische Würdigung der Bestrebungen der Gegenwart erforderlich, über jene Einflüsse wenigstens so weit ins Klare zu kommen, daß ein Ueberblick über die Gedankenbahnen gewonnen werden kann, welche in das lebendige Wirken der Gegenwart ausmünden. Denn wenn zur rechten Eigentätigkeit gehört, prüfend und wägend den Forderungen der Zeit sowohl, wie der Natur des Stoffes gerecht zu werden, so vermittelt die geschichtliche Betrachtung eine wichtige Voraussetzung hierfür: Die Anschauung der Grundtriebe, aus denen die gegenwärtige Wirklichkeit herausgewachsen ist.

Die moderne methodologische Literatur leidet fast durchgängig daran, daß ihr die inneren Zusammenhänge der methodischen Bestrebungen mit den säkularen Schwankungen des geistigen Gesamtcharakters nicht hinreichend ins Bewußtsein getreten sind. So mangelt es dem Bilde, das sie gibt, an der historischen Perspektive, ihrem Programm an der Erkenntnis der Punkte, durch welche sie mit Strebungen der Vergangenheit zusammenhängt, ihren Forderungen an der Mässigung, welche nur die historisch gewonnene Erkenntnis von der Kom-

[1]) Vgl. auch Gareis, Moderne Bewegungen in der Wissenschaft des deutschen Privatrechts, Rektoratsrede 1912 S. 3, 4.

pliziertheit des gedanklichen Problems vermitteln kann. In allen diesen Richtungen kann die rückschauende Betrachtung auch für die Gegenwart von praktischem Nutzen sein. Freilich kann es sich hier nur um einen zusammenfassenden Rundblick handeln und bei der Fülle des Stoffes droht die Gefahr, Wichtiges zu übersehen und genetische Zusammenhänge nicht voll zu erkennen. Immerhin — das Richtige daran wird fördern, das Verkehrte widerlegt werden. Noch eine andere Beschränkung der historischen sowohl wie der methodischen Untersuchung ist im Interesse der Sicherheit des Ergebnisses geboten; die Darstellung soll auf das privatrechtliche Gebiet beschränkt werden[1a]) Hierdurch ist zugleich die Einheitlichkeit der Betrachtungsweise gewahrt, welche durch die Hereinziehung des öffentlichen Rechtes gefährdet werden könnte[2]). Durch solche Beschränkung

[1a]) Mit der führenden Rolle, welche die Wissenschaft des Pandektenrechtes im 19. Jahrhundert inne hat, hängt es zusammen, daß die methodischen Bewegungen vorzugsweise auf ihrem Gebiete zu Tage treten, während sie auf dem der Territorialrechte einen mehr abgeleiteten Charakter haben. Der sonst wissenschaftlich hochbedeutsame Gegensatz zwischen Romanisten und Germanisten betrifft nicht die methodische Grundanschauung, da beide im 19. Jahrhundert gleichmäßig der geschichtlichen Rechtsauffassung huldigen.

[2]) Daß die Methode des Privatrechtes in geschichtlicher Betrachtung von der des öffentlichen Rechtes isoliert werden kann, ist ohne weiteres klar. Denn oft genug sind beide verschiedene Wege gegangen, ja, haben sie, von ein und derselben Geistesströmung getroffen, sie in entgegengesetztem Sinne weitergeführt — das schlagendste Beispiel hierfür ist wohl die verschiedene Wendung, welche der Hegelianismus auf beiden Gebieten nimmt, indem er zu Beginn der dreißiger Jahre sich auf privatrechtlichem Gebiete mit dem Positivismus amalgamiert, auf dem Gebiete des Strafrechtes dagegen den Weg der Spekulation einschlägt. Vgl. darüber die aufklärende Darstellung bei Landsberg, Geschichte der deutschen Rechtswissenschaft III, 2 S., 587 f. Aber auch auf theoretischem Gebiete können beide Methoden, trotz aller Gemeinsamkeit der formalen Grundlage, gesondert behandelt werden. Es ist durchaus denkbar, daß der im Gesetz niedergelegte Wille der Gesamtheit auf dem Gebiete des öffentlichen Rechtes, beispielsweise dem des Strafrechts, ein anderes Verhältnis der Erkenntnismittel zum Rechtsinhalt setzt, als auf privatrechtlichem Gebiete, etwa dadurch, daß die

wird das Ergebnis, was es an Allgemeingültigkeit verliert, an Sicherheit auf einem begrenzten Gebiete gewinnen.

II.

Das geistige Kapital der Privatrechtsmethodik entstammt im wesentlichen den letzten drei bis vier Jahrhunderten. In diesem Zeitraum wurden die Grundlagen der systematischen Behandlung gelegt, trieb das Naturrecht, freilich mit starker subjektiver Willkür und unter heftigen Erschütterungen des Rechtslebens neue Bildungen hervor, wurde endlich der so geschaffene Rahmen systematischer Grundgedanken durch die geschichtliche Rechtstheorie mit individuellem Leben erfüllt. Das geschichtliche Nacheinander der beiden letztgenannten Methoden stellt sich zugleich als Ueberwindung des Naturrechts durch die geschichtliche Methode dar. Aber der Wandel liegt nicht nur in der Methode, welche von einer vorwiegend aprioristischen in eine vorwiegend empiristische umschlägt, sondern auch in der Auffassung des Gegenstandes der Rechtswissenschaft. Denn das Naturrecht ist das aus der menschlichen Vernunft entwickelte Recht ohne Rücksicht darauf, ob es positive Geltung besitzt, wenn es auch, wenigstens auf dem Höhepunkte der Doktrin den entschiedenen Anspruch erhebt, sich an die Stelle des positiven Rechts zu setzen. Objekt der geschichtlichen Betrachtung ist dagegen nur dasjenige Recht, welches als solches gilt oder gegolten hat, d. h. mit anerkannter äußerer Autorität bekleidet die Beziehungen der Menschen beherrscht oder beherrscht hat.

So ist innerhalb des erwähnten Zeitraumes die Ablösung der naturrechtlichen Betrachtungsweise durch die geschichtliche nicht nur das methodisch bedeutsamste Ereignis, sondern zugleich einer der großen Wendepunkte, in denen der Wissen-

Analogie in bestimmten Grenzen für unanwendbar erklärt wird. Vgl. ferner die Hervorhebung des tiefer liegenden inhaltlichen Gegensatzes von zivilistischer und publizistischer Methode bei Wundt, Logik III (3. Aufl.) S. 598 f.

schaft die Aufgabe neu gestellt wird. Die Aenderung des Weges ist nur der Ausdruck für die Verschiebung des Zieles. Und wenn gegenwärtig eine mehr kritische Stimmung gegenüber der historischen Methode um sich greift und ihr insbesondere zum Vorwurf gemacht wird, daß sie zwar die Entwicklung des Rechtes bis zur Gegenwart verfolge, aber seiner ferneren Weiterbildung fremd und verständnislos gegenüber stehe und die Wege nicht sehen wolle, die in die Zukunft führen, so muß es doch als bleibendes Verdienst der geschichtlichen Schule anerkannt werden, daß sie durch die Weckung des historischen Sinnes und tiefschürfende Arbeit eine Bereicherung der Wissenschaft des positiven Rechtes herbeigeführt hat, welche den subjektiven Spekulationen der Naturrechtsschule gegenüber nicht hoch genug angeschlagen werden kann.

Im übrigen bietet auch nach dem Siege der historischen Methode die Privatrechtsdoktrin des 19. Jahrhunderts keineswegs das Bild einer einförmigen Gleichmäßigkeit. Vielmehr münden bald hier, bald dort neue Geistesströmungen ein, die zum Teil heftige Wellenbewegungen und Gegenwirkungen erzeugen.

Zunächst ist der Einwirkung der Hegelschen Geschichtsphilosophie zu gedenken. Ihr Höhepunkt fällt in die zwanziger Jahre des vorigen Jahrhunderts, als Gans im Sinne Hegels in der weltgeschichtlichen Entwicklung des Erbrechtes die Verwirklichung der Idee durch die Bewegung der Begriffe, die Enthüllung und Ueberwindung der in ihnen enthaltenen Widersprüche nachzuweisen unternahm. Versecktere Einwirkungen der Hegelschen Weltauffassung greifen viel tiefer und halten länger an. Vor allem dürfte die übertriebene Wertschätzung der juristischen Begriffskonstruktion, soweit sie der logisch-systematischen Behandlung des Rechts eine produktive, neue Rechtssätze schaffende Bedeutung beimißt, zum großen Teil ihre Quelle in dem philosophischen Idealismus der ersten Jahrzehnte des 19. Jahrhunderts haben. Die Verwandtschaft jener

Richtung mit der Hegelschen Denkweise zeigt sich in der Ueberzeugung von der unbedingten Macht der Idee, die Wirklichkeit nach dialektischen Gesichtspunkten zu gestalten [3]).

[3]) Freilich reichen die historischen Wurzeln der konstruktiven Richtung überhaupt, und so auch ihrer Uebertreibung zum Teil weiter in die Vergangenheit zurück. Sie ist durch das systematische Element verwandt mit den synthetischen Bestrebungen, welche um die Mitte des XVI. Jahrhunderts in der niederländischen Schule (hier mit besonderer Stärke in Hoppers Seduardus, vgl. darüber R. Stintzing, Geschichte der deutschen Rechtswissenschaft, I, S. 349) und in der französischen Schule bei Franz Connanus, Duarenus und besonders Donellus hervortreten; in der Neigung, dem Begriffsrealismus zu verfallen, mag mittelbar ein Erbstück der Scholastik stecken; der wesentlich deduktive Charakter der angewandten Methode erinnert an das Verfahren der Naturrechtslehre, so daß auch hier wieder zu beobachten ist, daß rationalistische Elemente in der historischen Schule fortwirken. Aber allen diesen Elementen gegenüber bewährt die konstruktive Richtung ihre Eigenart in der Kühnheit, mit welcher das System auf spekulativer Grundlage entworfen, dann in schärfster begrifflicher Arbeit durchgebildet wird — in der selbständigen Art, mit welcher die Rechte ihm konstruktiv eingeordnet werden und in dem unbedingten Vertrauen in die Herrschaft der Begriffe — eine Zuversicht, die sich mitunter selbst bis zur Vergewaltigung der Sätze des positiven Rechtes verirrt. Alles dies gilt in erster Linie von Georg Friedrich Puchta, dem Führer auf dem Wege dieser Entwicklung. Darin zeigt es sich, daß trotz des persönlichen Gegensatzes, in dem Puchta zu Hegel steht, doch viel von dessen Geiste in ihm mächtig ist. Vgl. hierzu auch Landsberg, Geschichte der deutschen Rechtswissenschaft III, 2 S., 440, 443, 458 f. Ueber den unmittelbaren Einfluß eines anderen Hauptes der idealistischen Philosophie, nämlich Schellings auf Puchta s. E. Loening (unten Note 5) S. 79 und die dort gegebenen Nachweise.

Die Freude an einer vorwiegend konstruktiven Behandlung der juristischen Probleme und die feste Ueberzeugung von ihrer dogmatischen Fruchtbarkeit erfüllt mit besonderer Lebhaftigkeit die Zeit bis zum Ende des zweiten Drittels des Jahrhunderts. Dann, zu Beginn der sechziger Jahre erfolgt, zunächst anonym in der preußischen Gerichtszeitung der scharfe Angriff des Juristen auf die „Begriffsjurisprudenz", der der begeistertste Verfechter der konstruktiven Behandlung des Rechtes gewesen war, ja, der die Legitimation der juristischen Konstruktion als Teil der „höheren Jurisprudenz" (im „Geist des römischen Rechts", Teil II, 2, § 41) methodologisch zu fundieren unternommen hatte: Jherings. Dieser Angriff ist zugleich das erste Anzeichen des Heraufziehens einer die Zweckbetrachtung in den Vordergrund stellenden, vorwiegend auf das

Weit später tritt in der methodischen Behandlung des Rechts die Wirkung der großen Geistesbewegung zu Tage, die gegen die Mitte des XIX. Jahrhunderts von einem der Jurisprudenz wesentlich näher liegenden Gebiete ihren Ausgangspunkt nahm. Es handelt sich um die realistischen Richtungen, welche die Natur der Gesellschaft und ihre Entwicklung nach Art eines vielgestaltigen Organismus in den Mittelpunkt der Betrachtung rücken. Hier kann als die nächste Ausstrahlung des Comteschen Positivismus und seiner Betonung der Soziologie als grundlegender Wissenschaft des menschlichen Gesellschaftslebens die Reaktion gegen eine der Grundlehren der historischen Schule angesehen werden. Die Erforschung des Zustandes der Gesellschaft führt unmittelbar auf die Wichtigkeit der gesellschaftlichen Schichtung und der innerhalb der Gesellschaft selbst sich abspielenden Kämpfe.

Dieser Umstand fand in Lorenz v. Steins Schriften[4]) eine umfassende Würdigung, in der ungefähr zur selben Zeit zur Blüte gelangenden materialistischen Geschichtsauffassung mit ihrer Betonung der Bedeutung der Produktiv- und Austauschbedingungen für die Gestaltung und Gliederung der Gesellschaft eine weit einseitigere, aber in die weitesten Kreise dringende Darstellung. Nachdem so die Wichtigkeit der gesellschaftlichen Gliederung und der gesellschaftlichen Kämpfe für die Rechtsbildung eine eingehende Beleuchtung erfahren hatte, war es nur eine Frage der Zeit, daß die Lehre der Schulhäupter der geschichtlichen Rechtstheorie von der Entstehung des Rechts durch das geheimnisvolle Walten des in den einzelnen Gliedern der Gemeinschaft lebendigen einheitlichen

---

Praktische gerichteten Zeitströmung in der Jurisprudenz, die bald aus verschiedenen Quellen weitere Nahrung ziehen sollte. So wirkt die seit 1860 einsetzende Tätigkeit des Juristentages in derselben Richtung; vgl. Landsberg III, 2 Notenbd. S. 343, Note 1.

[4]) Vgl. besonders Lorenz v. Stein, „Der Begriff der Gesellschaft und die soziale Geschichte der franz. Revolution, Lpz. 1850 und dazu Gneist in der Festgabe für Beseler, 1885, S. 230.

Volksgeistes [5]) eine Erschütterung erlitt. In der Tat ist diese unter dem Einflusse der Romantik entstandene Lehre angesichts des immer stärkeren Hervortretens der gesellschaftlichen Zerklüftung von den siebziger Jahren an mehr und mehr unterspült worden. Den Angriff eröffnet Jherings „Kampf ums Recht" [6]). Lorenz von Steins „Gegenwart und Zukunft der Rechts- und Staatswissenschaft Deutschlands (1876) macht auf die ungemeine Mannigfaltigkeit der für die Rechtsbildung wesentlichen Faktoren aufmerksam. Die Schrift Gneist's: „Zur Lehre vom Volksrecht, Gewohnheitsrecht und Juristenrecht" [7]) enthält, bei aller Anerkennung der Leistungen der historischen Schule, doch eine offene Absage in der Richtung, daß ihr vorgeworfen wird, die gesellschaftliche Seite der menschlichen Entwicklung bei Seite gesetzt zu haben.

Bereits vor diesen letzten Publikationen wird der Umschlag der Zeitströmung in realistische Bahnen in einer Richtung sichtbar, die methodisch von größter Bedeutung geworden ist — nämlich in der Hervorkehrung des substanziellen Elementes im Rechtsbegriff gegenüber dem rein formalen, auf den Willen gestellten. Auch diese wichtige Verschiebung tritt zuerst in Jherings Gedankenarbeit zu Tage, in dessen lebhaftem und umfassendem Geiste die die Gegenwart bewegenden Methodenkämpfe sich wegweisend vorweg abgespielt haben. Denn wenn

---

[5]) Vgl. hierzu neuestens Ernst v. Moeller, „Die Entstehung des Dogmas von dem Ursprung des Rechtes aus dem Volksgeist" in den Mitteilungen des Institutes f. österr. Geschichtsforschung, Bd. XXX (1909), S. 1 f. und Edgar Loening, „Die philosophischen Ausgangspunkte der rechtshistorischen Schule" in der Internationalen Wochenschrift f. Wissenschaft, Kunst und Technik, Bd. IV (1910), S. 65 f., 115 f., sowie den kritisch zusammenfassenden Aufsatz von Kantorowicz in der Historischen Zeitschrift Bd. 108 (1911/12), S. 295 f.

[6]) 1872 mit den programmatischen Bemerkungen auf S. 6 f. (Zitiert nach der 6. Aufl. 1880.)

[7]) In der Festgabe für Beseler, 1885, S. 228 f. Damit verknüpft sich bereits die Forderung nach Wiederanknüpfung an die naturrechtlichen Lehren und nach ihrer Weiterführung.

Jhering im letzten, 1865 fertig gestellten Kapitel des Geistes des römischen Rechts den Begriff des subjektiven Rechts auf die „rechtliche Sicherheit des Genusses“ stellt, und in jedem in Thesi zugelassenen Recht den „Ausdruck eines vom Gesetzgeber nach dem Standpunkt seiner Zeit für schutzfähig und schutzbedürftig anerkannten Interesses“ erblickt[8]), bahnt er die Gedankenrichtung an, auf der weiterschreitend die moderne Interessenjurisprudenz die Fortbildung des Rechts durch die Abwägung der einander widerstreitenden Interessen herbeiführen will. Auch hierfür ist übrigens die allgemeine rechtsphilosophische Formel schon in dem Ausspruch Jherings: „Der Zweck ist der Schöpfer des ganzen Rechts“, enthalten[9]).

Etwa um die Mitte der siebziger Jahre setzt eine weitere wichtige Bewegung ein: Nach einer langen Periode rein positiven Quellenstudiums macht sich das Wiederaufleben philosophischer Interessen in der Privatrechtswissenschaft geltend. Es ist dies eine Geistesströmung, die keineswegs isoliert auftritt, sondern sich über einen großen Teil der Einzelwissenschaften erstreckt[10]). Hierzu tritt am Ende der achziger Jahre die kritische Mitarbeit an dem großen bürgerlichen Gesetzgebungswerke des deutschen Reiches. Sie stellte nicht nur die deutschen Juristen fortdauernd vor die Frage, ob das, was nach dem Entwurfe Recht werden solle, Recht zu sein verdiene, sondern wirkte bei dem lebhaften Interesse, das dem großen Werke auch in den Nachbarländern, besonders in Oesterreich entgegen-

[8]) Jherings „Geist d. röm. Rechtes III, 1 (3. Aufl.), S. 331.

[9]) In der Vorrede zum „Zweck im Recht“, 1877, I pag. VI., zugleich Motto des Werkes; den weiteren Ausbau der teleologischen Methode enthält Jherings Monographie über den Besitzwillen (1889), vgl. auch die Vorrede pag. IX.

[10]) Vgl. die akademische Antrittsrede Wundts „Ueber den Einfluß der Philosophie auf die Erfahrungswissenschaften“ (1876). Auf dem Gebiete der Jurisprudenz bewährt sich die erwähnte Geistesrichtung besonders in Jherings „Zweck im Recht“ (I, 1877, II, 1883). Daneben sind Bierlings „Zur Kritik der juristischen Grundbegriffe“ (I, 1877, II, 1883) und Thons „Rechtsnorm und subjektives Recht“ (1877) zu nennen. Aus späterer Zeit: Bergbohm, Jurisprudenz und R.-Philosophie I, Lpz. 1892.

gebracht wurde, bedeutsam auf die rechtliche Grundstimmung überhaupt ein. Die Kritik der Entwürfe wurde von einer Hochflut rechtspolitischer Erwägungen getragen, und das Jhering'sche Wort: „Der Zweck ist der Schöpfer des Rechts" fand die erste weitausgreifende praktische Verwertung.

Das Erwachen des rechtsphilosophischen wie des rechtspolitischen Interesses mußte gleichmäßig dahin wirken, dem positiven Rechte gegenüber eine kritischere Stimmung wachzurufen, als solche unter der Alleinherrschaft der historischen Methode gedeihen konnte. Stärker als zuvor wurde betont, daß das geschichtlich Gewordene nicht schon wegen seines Vorhandenseins die Berechtigung, weiter zu gelten, in sich trage [11]). Und zugleich wurde als wichtiger Faktor für die Fortbildung des Privatrechts die Rücksicht auf seine soziale Ersprießlichkeit gewürdigt und in den Vordergrund geschoben [12]).

In innerem Zusammenhange mit diesen Strebungen steht das Suchen nach einem allgemeingiltigen Maßstab, an dem die Vollkommenheit des Rechtes, sein reiner Einklang mit den Lebensverhältnissen zu messen ist. Hier lassen sich seit den siebziger Jahren Einflüsse der Kantischen Philosophie verfolgen. So, wenn Lorenz v. Stein in seiner Schrift über Gegenwart und Zukunft der Rechts- und Staatswissenschaft (1876) das höchste Prinzip des Rechts in der „auf dem Wesen der Persönlichkeit ruhenden Heiligkeit und Unverletzlichkeit" der Lebensphäre der anderen Persönlichkeit erblickt [13]). Zu vollem

[11]) S. Stammler in seiner Schrift über die Methode der geschichtlichen Rechtstheorie in der Festgabe für Windscheid (1888), S. 13, vgl. schon früher Ahrens in Holtzendorffs Enzyklopädie, 3. Aufl. (1877), S. 31.

[12]) Vgl. besonders Gierke, der Entwurf des bürgerlichen Gesetzbuches (1889) und die freilich einseitig vom Standpunkt der „besitzlosen Klassen" aus geführten Untersuchungen A. Mengers.

[13]) A. a. O., S. 93. Möglicherweise hat auch die Formulierung Hegels (Rechtsphilosophie § 36 am Schlusse) eingewirkt: „Das Rechtsgebot ist daher: sei eine Person und respektiere die andern als Personen". Für den Hegelianer Lrz. v. Stein liegt es nahe, solchen Einfluß anzunehmen.

Ausdruck gelangen diese Bestrebungen in den Schriften R. Stammlers. Während er in „Wirtschaft und Recht“ die Frage nach der „formalen Gesetzmäßigkeit des sozialen Lebens überhaupt“ aufwirft und ihr notwendiges Mittel im Rechtszwang erblickt, beschäftigt er sich in der Lehre vom „richtigen Rechte“ mit dem Problem, „was unter besonderen, im Wechsel der Erfahrung gegebenen Verhältnissen die objektiv berechtigte Form dieses sozialen Lebens sei“. Der kritische Maßstab für den Inhalt des Rechtes wird in dem „sozialen Ideal“ als der „Gemeinschaft frei wollender Menschen“ erblickt. Das richtige, d. h. in Uebereinstimmung mit dem sozialen Ideal befindliche Recht ist aber im Gegensatz zu der Auffassung des Naturrechtes nicht etwa ein Komplex von inhaltlich a priori feststehenden, weil aus der Natur des Menschen oder des Rechtes selbst fließenden Sätzen; es ist vielmehr eine formale Methode. Diese gestattet, wie verschieden auch die empirischen Verhältnisse sein mögen, auf welche sie angewendet wird, diejenigen Rechtssätze zu finden, welche dem Endziele des sozialen Lebens und somit der allgemeinen gesetzmäßigen Aufgabe der Rechtsordnung entsprechen. Freilich sind diese spezifischen Normen nicht unmittelbar aus jener obersten Einheit, dem sozialen Ideal ableitbar; wohl aber durch Zuhilfenahme eines Systems von allgemein giltigen, aus dem sozialen Ideal herausgearbeiteten Grundsätzen (des Achtens und der Teilnahme, sowie ihrer Ausstrahlungen) einerseits, einer besonderen Gedankenoperation andererseits: Die Streitenden hat man „zunächst in Gedanken in eine Gemeinschaft zu setzen, in welche jeder sein umstrittenes Wollen einzubringen hat, auf daß in objektiver Richtlinie die Auseinandersetzung erfolgen könne“[14]).

Es kann einstweilen dahingestellt bleiben, ob es Stammler gelungen ist, aus dem sozialen Ideal solche zur Anwendung auf den empirischen Rechtsstoff taugliche Grundsätze herauszuarbeiten, welche nicht nur erschöpfend und allgemein giltig

---

[14]) Die Lehre vom richtigen Rechte, S. 281.

sind, sondern auch fähig, unter bestimmten Voraussetzungen unmittelbar anwendbares Recht zu produzieren. Von hervorragender Bedeutung ist jedenfalls seine Formulierung des Verlangens nach einer doppelten methodischen Behandlung des Rechts. Von neuem wird das positive Recht an einem Ideale gemessen; aber dieses tritt dem positiven Rechte nicht mehr als eine fertige und unwandelbare Macht entgegen, wie das Naturrecht, sondern als ein besonderer Gedankeninhalt, der durch die Anwendung des sozialen Ideals auf empirisch bedingte und wandelbare Verhältnisse zu erarbeiten ist[15].

In anderer Richtung bewegt sich das Bestreben Kohlers und anderer Schriftsteller, an die Geschichtsphilosophie Hegels wieder anzuknüpfen, jedoch unter Verwerfung seiner dialektischen Methode. Es wird die Unmöglichkeit anerkannt, in der Weise Hegels die unendliche Fülle des geschichtlichen Werdens in bestimmte Entwicklungstypen zu pressen, als dauernde Errungenschaft aber der Grundgedanke der Identitätsphilosophie und die Fassung des Entwicklungsgedankens proklamiert und als Ziel der Rechtsentwicklung die Kulturförderung aufgestellt[16].

Noch sind die Einwirkungen, welche die Rechtswissenschaft von dominierenden Geistesrichtungen des vergangenen Jahrhunderts erfahren hat, nicht erschöpft. Die hervorragenden

---

[15]) Betont doch Stammler mit dem größten Nachdruck, daß die Lehre vom richtigen Rechte (die theoretische Rechtslehre) sich hinsichtlich des Gegenstandes nicht von der „technischen Rechtslehre" unterscheide; daß sie von dieser vielmehr nur in der formalen Behandlung des geschichtlich entstehenden Rechtes abweiche, indem sie das Recht aufsuche, welches „in einer besonderen Lage mit dem Grundgedanken des Rechtes überhaupt zusammenstimmt". Vgl. zur Kritik die eindringende Würdigung der Stammlerschen Lehre von Staffel in Jherings Jhrb. f. Dogm., Bd. 50, S. 301 f.

[16]) Vgl. das von Kohler entworfene Programm des „Neuhegelianismus" im Archiv für Rechts- und Wirtschaftsphilosophie 1903, S. 3 f. und die zum Teil modifizierenden, zum Teil weiterführenden Darlegungen in seiner Rechtsphilosophie S. 2, 8 f., 14, 16.

Erfolge der Naturwissenschaften im Laufe des XIX. Jahrhanderts mußten, wie für die Geisteswissenschaften überhaupt, so auch für die Jurisprudenz die Frage wachrufen, wieweit die von jenen befolgte Methode auf ihr Gebiet übertragen werden könne. So ist mehrfach die Anwendung der naturwissenschaftlichen Methode in der Jurisprudenz verlangt worden, wobei freilich recht verschiedenes darunter verstanden und durchgängig der Eigenart des Gegenstandes der Rechtswissenschaft zu wenig Rechnung getragen wurde. Vielfach soll mit dem methodischen Verlangen offenbar nichts anderes gesagt werden, als daß die Jurisprudenz sich bei der Ableitung von Rechtssätzen das induktive Verfahren der Naturwissenschaften zum Muster nehmen solle [17]).

In ganz anderer Weise spricht Jhering, bevor er den Gedanken von der Alleinherrschaft des Zweckes im Recht konzipiert und mit gewohnter Energie, aber auch gewohnter Einseitigkeit proklamiert hatte, von seiner Methode als einer „naturhistorischen" [18]). Als Kern aus den verschiedenen einschlägigen Aeußerungen läßt sich das Verlangen nach einer wissenschaftlichen Bearbeitung herausschälen, welche die durch Ana-

---

[17]) So Kirchmann in seinem heute wieder im Mittelpunkt des Interesses stehenden Vortrage über die „Wertlosigkeit der Jurisprudenz als Wissenschaft" vom Jahre 1847, S. 10. Seine Ausführungen sind zugleich symptomatisch für die übertriebene Schätzung, welche nach dem Zusammenbruch der idealistischen Philosophie den Naturwissenschaften im Verhältnis zu den Geisteswissenschaften zu teil wurde. Besonders bezeichnend ist es, wenn Kirchmann, nachdem er die Jurisprudenz wegen ihrer Abhängigkeit vom positiven Gesetz beklagt und ihr vorgeworfen hat, daß das Zufällige ihr Gegenstand sei, S. 30 in den Ausruf ausbricht: „In welcher Hoheit stehen dagegen die Naturwissenschaften da. Nur das natürliche, das ewige, das notwendige ist ihr Gegenstand, der kleinste Gegenstand trägt diesen Stempel; jedes Geschöpf ist wahr, stimmt mit sich selbst und die Willkür vermag es der Wissenschaft nicht zu verfälschen."

[18]) Freilich ist es nicht ganz leicht, unter der Umhüllung mit naturgeschichtlichen Bildern, wie „die Erhebung des Rechtsstoffes in einen höheren Aggregatzustand" (Geist II, 2, 3. Aufl. S. 361), die eigentliche Meinung hervorzuziehen.

lyse gewonnenen Elemente in der Synthese zum Begriff vereinigt — die Rechtsregeln durch die juristische Konstruktion in einen „höheren Aggregatzustand", den Rechtsbegriff erhebt, so daß der Rechtsstoff die Gestalt eines juristischen Körpers annimmt, dessen Eigenschaften, Kräfte, Zustände zu ermitteln sind[19]).

Noch in einem anderen Sinne wird die Anwendung der naturwissenschaftlichen Methode durch die moderne realistische Betrachtungsweise der Gesellschaft nahe gelegt, welche als Soziologie auf die ursächlichen Zusammenhänge des sozialen Gesamtlebens abstellt und das Recht als Teilerscheinung des sozialen Lebens faßt. Hier wird die Natur des Rechts als autoritativer Norm des Lebens vollkommen in den Hintergrund gedrängt, erforscht werden sollen die realen Vorgänge des Rechtslebens, das „Sein" und nicht das „Sollen", und es wird begreiflich, daß bei dieser völligen Verflüchtigung des im Rechte dominierenden geistigen Herrschaftselementes nicht die Methode der Geisteswissenschaften, sondern die naturwissenschaftliche als die durch die Art des Gegenstandes geforderte in Anspruch genommen wird.[20]).

---

[19]) Jahrbücher für Dogmatik I (1857), S. 8—16. Besonders beachtenswert ist der Ausspruch auf S. 10, wo die Krönung der juristischen Aufgabe darin erblickt wird, „in derselben Weise, wie der Naturforscher die naturhistorischen Objekte klassifiziert, die sämtlichen juristischen Körper in und zu einem System zu ordnen". Das Jhering bei der Forderung der naturhistorischen Methode vorschwebende Ideal ist offenbar die möglichste Annäherung der Jurisprudenz an die exakten Wissenschaften. Noch zu jener Zeit — 4 Jahre vor dem oben Note 2 erwähnten fulminanten Angriff auf die Begriffsjurisprudenz — will Jhering für die Dogmatik nur die kausale, nicht die teleologische Betrachtung gelten lassen. Besonders bezeichnend dafür ist es, daß er die analoge Ausdehnung eines Rechtssatzes nicht auf das Bedürfnis zurückführt: „Wenn der Gesetzgeber dasselbe nicht anerkannt hat, wie dürften wir es tun?" sondern auf die begriffliche Arbeit der „höheren Jurisprudenz", d. h. auf die juristische Konstruktion.

[20]) Derartige Gedankengänge bei Szirtes, die Methode der Rechtswissenschaft in „Wirtschaft und Recht" II (1913) Nr. 3, S. 86 f. Da-

Endlich klopft die Psychologie an die Pforte der Jurisprudenz und verlangt als Völkerpsychologie Würdigung ihrer Ergebnisse zur sicheren Grundlegung der Rechtserkenntnis [21]).

III.

Ueberblickt man diese Fülle sich kreuzender Gedankenbewegungen, die das XIX. Jahrhundert auf dem Gebiete der Jurisprudenz der Gegenwart überliefert hat, so wird es begreiflich, daß von einer einheitlichen Grundauffassung ihrer Aufgabe und ihrer Methode keine Rede sein kann. Dennoch lassen sich gewisse gemeinsame Ueberzeugungen nicht verkennen, durch deren Besitz die Gegenwart in charakteristischen Gegensatz zur letztverflossenen Epoche tritt. Vor allem hat die Ueberzeugung von der stetigen Erneuerung des Rechts eine praktische Gewalt erhalten, welche Wissenschaft und Praxis gleichmäßig dahin drängt, ihre Aufgabe nicht nur in der Erkenntnis und in der Anwendung des geltenden Rechts zu suchen, sondern an seiner Fortbildung mitzuwirken und zu diesem Zwecke den größten Nachdruck auf die Erforschung der bei der Rechtsbildung tatsächlich wirksamen Faktoren zu legen. Weiterhin bricht sich immer mehr die Ueberzeugung Bahn, daß die logisch-systematische Behandlung des Rechts nicht hinreicht, seinen jeweiligen Gehalt voll zu erschließen, daß vielmehr das Element der Rechtsfindung hinzutreten muß, um da, wo das geformte Recht versagt, neu auftretenden Tat-

---

gegen freilich Rumpf a. a. O., S. 88 f. und besonders Kantorowicz Rechtswissenschaft und Soziologie in den Verhandlungen des 1. deutschen Soziologentages zu Frankfurt a. M. (Tüb. 1911, S. 295 f.).

Vgl. auch die sehr beachtenswerten Ausführungen Oskar Netters in „Recht und Wirtschaft“, II. Jahrgang (1913) S. 116 f., 152 f., besonders S. 120 f.

[21]) Hierauf führen, soweit die Bedeutung der Sitte als historischer Grundlage des Rechts in Betracht kommt, schon die Ausführungen bei Wundt, Völkerpsychologie 1900, S. 24 f. Im übrigen vgl. Sternberg, Allg. Rechtslehre I, S. 147.

beständen die rechtliche Wertung angedeihen zu lassen[22]). Dagegen kommen betreffs der Art der Lückenausfüllung alle in der Entwicklung lebendigen Gegensätze zum Ausdruck. Es wird darüber gestritten, ob die Fortbildung des Rechtes nur in den Grenzen analoger Uebertragung gegebener Rechtssätze zulässig sei, oder ob auf Grund der Wertung der in Betracht kommenden Interessen eine sinngemäße Gebotsergänzung erfolgen soll; ferner ob auf das Urteil der Soziologie rekurriert werden, das „soziale Ideal" das entscheidende Wort sprechen, das Rechtsgefühl, oder das freie Ermessen des Richters die Antwort erteilen soll.

Noch weniger besteht eine gemeinsame Ueberzeugung über die Grenze, bis zu welcher die logisch-systematische Bearbeitung des Rechtes berechtigt ist und von wo an sie durch die teleologische, interessenwertende[23]) oder soziologische zu ergänzen oder zu ersetzen ist. Völlig ins Schwanken gekommen ist die Frage nach dem Werte der geschichtlichen Erkenntnis für die dogmatische Behandlung des Rechtes. Die Entwicklung zeigt hier alle Einseitigkeit, welche von einer stürmischen methodischen Bewegung untrennbar zu sein scheint, indem besonders von den agitatorischen und den leicht entflammbaren Naturen das Neue als alleinseligmachend in den Vordergrund geschoben, die logische Behandlung des Rechtes als Begriffsjurisprudenz oder Scholastizismus verhöhnt, an die Stelle der Klärung der Begriffe durch geschichtliche Untersuchung der Sprachgebrauch des gemeinen Lebens gesetzt wird.

---

[22]) Das erste Auftauchen eines verwandten Gedankens findet sich bei Aug. Schultze, Privatrecht und Prozeß in ihrer Wechselbeziehung I, 1883, S. 117, anläßlich der Darstellung des germanischen Gerichtsurteils und seiner Kraft, einen Rechtssatz für einen konkreten Fall zu schaffen. Der Gedanke selbst ist zuerst formuliert bei Bülow, Gesetz und Richteramt (1885, S. 2—4, 16 f. Vgl. hierzu auch Jung, das Problem des natürlichen Rechtes (1912), S. 18, Note 23.

[23]) Ueber Interessenjurisprudenz s. Heck, Problem der Rechtsgewinnung (1912), S. 12, 28 f., vgl. auch Müller-Erzbach, Z. f. d. ges. Handelsrecht, Bd. 73 (1913), S. 438 f.

Hier droht entschieden die Gefährdung wertvoller wissenschaftlicher Errungenschaften; nur dann kann die neue Bewegung eine befruchtende Wirkung ausüben und kann die Gefahr einer zerstörenden Ueberschwemmung ferngehalten werden, wenn es gelingt, unter neuen Gesichtspunkten auf einem höheren Standpunkte eine Synthese des Neuen mit dem Alten, soweit es der prüfenden Betrachtung stand hält, zu vollziehen.

IV.

Zur Vorbereitung der Problemstellung ist es erforderlich, sich über die möglichen Richtungen, in denen das Recht der wissenschaftlichen Untersuchung unterzogen werden kann, klar zu werden. Es kann einmal das Gesetzmäßige der allgemein menschlichen Kulturerscheinung „Recht" aufgesucht, und ihr Verhältnis zu andern Kulturerscheinungen gewertet werden; es kann ferner das Recht eines bestimmten Volkes[24]) in seinem gegenwärtigen Sein und innerem Zusammenhange untersucht und dargestellt werden; und es kann das Recht im Flusse der Geschichte betrachtet und die Aufgabe behandelt werden, zu erkennen, wie die einzelnen zeitlich aufeinander folgenden rechtlichen Zustände aus einander hervorgegangen sind. Die Lösung jeder einzelnen dieser Aufgaben führt auf das erkenntnistheoretische Problem, in welcher Art die wissenschaftliche Betrachtung die Rechtswirklichkeit nachzuschaffen vermag. Im übrigen trägt jede ihren besonderen Charakter. Die erste Betrachtungsart erstrebt das Ziel, über das Wesen des Rechtes und seinen Wert für die menschliche Kultur, über die Gesetze seiner Entstehung und seines Unterganges Erkenntnisse zu gewinnen, die grundlegend für jede weitere Behandlung, sowohl für die dogmatische, wie für die historische sind. Die zweite Betrachtungsweise muß das systematische Element in den Vordergrund rücken, da es ihr auf die Entfaltung des Sinnes einer

---

[24]) Oder, wie bei der vergleichenden Rechtswissenschaft die Rechte mehrerer Völker in vergleichender Betrachtung.

gegebenen Rechtsordnung ankommt. Bei der dritten endlich waltet das Bestreben ob, die einzelnen Tatsachen der Rechtsentwicklung in ihren kausalen Zusammenhängen mit anderen zu erfassen. Bei keiner Betrachtungsweise aber können die anderen Elemente vollkommen ausgeschaltet werden. Auch das Recht als allgemein menschliche Kulturerscheinung steht im Flusse des historischen Geschehens. Die Rechtsgeschichte kann das systematische Element nicht völlig entbehren, denn in jedem Momente seines Daseins trägt das Recht unvertilgbar den Charakter seines geisterzeugten Wesens an sich, indem es sich als eine Einheit darstellt. Die dogmatische Behandlung gar kann weder des geschichtlichen noch des philosophischen Elementes entraten. Denn freilich muß die Dogmatik in ihrer Darstellung das Recht als gegenwärtiges behandeln; sie hebt einen Moment aus der Entwicklung des Rechtes heraus und erfaßt dieses in seiner Totalität als eine die Gegenwart gestaltende sozialpsychische Energie, deren gesetzmässiges Wirken es herauszustellen gilt. Aber wenn das Moment des Werdens und der Entwicklung in der dogmatischen D a r s t e l l u n g keinen Raum finden kann, so muß doch in die begriffliche Grundlage das Ergebnis geschichtlicher Forschung eingegangen sein. Nur dann kann das System als Durchschnitt der Rechtsentwicklung gleichsam in konzentrierter Form die Arbeit der Vergangenheit in sich enthalten. Die Rechtsphilosophie aber bietet der Dogmatik nicht nur die erkenntniskritischen Grundlagen für die systematische Darstellung, sondern auch zur Ergänzung der ewigen Gegenwart, in der die Dogmatik lebt, die Einsicht in die Kräfte, welche beim Werden und Vergehen des Rechtes tätig sind.

Wie sich hierzu die soziologische Betrachtung des Rechtes verhält, ist um deswillen nicht ganz leicht zu bestimmen, weil darunter ganz Verschiedenes verstanden wird und die gegebenen Formulierungen vielfach einen erheblichen Mangel an Klarheit aufweisen. Immerhin treten zwei Hauptrichtungen der Abstraktion hervor, für deren Ergebnisse die

Bezeichnung der „soziologischen Jurisprudenz" in Anspruch genommen werden. Die eine strebt eine möglichst umfassende Reproduktion der Rechtswirklichkeit auf dem Wege an, daß sie alle Aeußerungen des sozialen Lebens registrieren und untersuchen will, die irgendwie dem Zwecke unterstehen, die sozialen Interessenkreise von einander abzugrenzen; und zwar ohne Rücksicht darauf, ob die Vorgänge einer staatlich anerkannten Regel gemäß sind, oder sich ihr gegenüber indifferent verhalten, wohl gar zu ihr in Widerspruch treten. Diese Untersuchung erstreckt sich in gleicher Weise auf Rechtssätze, Bräuche von rechtlichem Gehalt und typische Aeußerungen der Vertragsfreiheit in Verträgen. Es liegt auf der Hand, daß von diesem Gesichtspunkt aus der Charakter der Rechtsordordnung als eines Komplexes von Normen in den Hintergrund tritt und das Recht der Kategorie des „Seins" unterstellt wird. Eine zweite Formulierung verwischt nicht, wie die erste, den Normcharakter des Rechts, sondern bestimmt die Aufgabe der Rechtssoziologie dahin, das soziale Leben auf seine Beziehung zu den Rechtsnormen hin zu untersuchen.

Beide Formulierungen der rechtssoziologischen Aufgabe stehen offenbar zur dogmatischen Betrachtung des Rechts in einem verschiedenen Verhältnis. Nach der ersten gehört die Soziologie des Rechtes zu den Rechtsdiziplinen, nur betrachtet sie die Erscheinungen des Rechtslebens unter einem umfassenderen Gesichtswinkel als die Dogmatik und verwischt dabei dasjenige Moment, das für diese das charakteristische bildet. Die Dogmatik kann daher die Ergebnisse jener übernehmen, soweit sie der Ueberprüfung nach dem ihr eigentümlichen Gesichtspunkt standhalten.

Nach der zweiten Formulierung dagegen, nach welcher die Rechtssoziologie das soziale Leben auf seine Beziehung zu den Rechtsnormen hin zu untersuchen, vor allem festzustellen hat, welche Wirkungen die Anwendung gewisser Rechtssätze im Durchschnitt der Fälle im sozialen Leben hervorzurufen geeignet ist[25]), würde sie ein Teilgebiet der Soziologie darstellen. Ihre Ergebnisse stehen daher auf einem völlig andern Felde als die der Rechtswissenschaft, können daher niemals direkt in diese eingehen, sondern nur indirekt als Grundlage rechtspolitischer oder teleologischer Erwägungen dienen.

Die gegenwärtige Untersuchung will sich auf die kritische Feststellung derjenigen juristischen Methode beschränken, welche die Erkenntnis des Rechtes und zwar des Privatrechtes eines bestimmten Volkes in seinem gegenwärtigen Sein und inneren Zusammenhange zum Ziele hat. Und zwar handelt es sich um die Methode der Rechts*wissenschaft*, nicht der Rechtsanwendung. Obgleich beide sich in ihren Aufgaben berühren, sofern die Wissenschaft der Rechtsanwendung vorzuarbeiten hat, müssen doch die Methoden beider streng getrennt gehalten werden. Es ist das Ziel der Wissenschaft, Einheit der Erkenntnis und systematische Ordnung der Gedanken anzustreben, genaue Rechenschaft über den Grad der Sicherheit der jeweilig erreichten Einzelergebnisse abzulegen und so die Punkte, an denen die weitere Forschung anzusetzen hat, in jedem Augenblicke genau angeben zu können. Als Ziel der Rechtswissenschaft in dem erwähnten Sinne erscheint es mithin, den inneren Zusammenhang der Rechtsnormen in einem geordneten System darzulegen und unter Heranziehung aller durch die Erkenntnistheorie dargebotenen Hilfsmittel die Klärung der Begriffe soweit zu treiben, daß eine möglichst vollkommene Einsicht in die rechtliche Bestimmtheit der einzelnen Lebensverhältnisse gewonnen werden kann. Die Aufgabe der Praxis dagegen ist es, dem Einzelfall sein Recht zu geben; und da der Richter die Entscheidung nicht weigern darf, weil das Recht eine ausreichende Normierung des Falles nicht enthalte, so kommt er dort, wo die Rechtserkenntnis nicht weit genug vorgedrungen ist, um die Entscheidung mit Sicherheit zu

[25]) So formuliert Kantorowicz, Rechtswissenschaft und Soziologie, Seite 7.

tragen, in die Lage, für den ihm vorliegenden Fall bisher noch nicht offenbar gewordenes Recht zu finden. Hier ist der Punkt, wo die rechtserkennende Tätigkeit in die rechtschaffende übergeht. Soweit daher die Theorie auch auf diesem von der Forschung noch nicht erhellten Gebiete dem Richter vorarbeiten will, wandelt sich der Charakter ihrer Tätigkeit. Sie wird zur juristischen Kunstlehre, sofern die vorgeschlagene Lösung nicht mehr als eine nach Erkenntnisgrundsätzen zu rechtfertigende Offenbarung vorhandenen Rechtes, sondern als eine von methodischen Erwägungen geleitete Neuaufstellung einer Norm erscheint[26]).

Nach allem darf, wenngleich die Aufgaben der Wissenschaft und der Praxis sich berühren, die Verschiedenheit des Zieles, welche auf die Methode zurückwirkt, nicht übersehen werden. Eine neuere Richtung neigt dazu, unter einseitiger Hervorhebung der Hilfsarbeit, welche die Rechtswissenschaft der Praxis leistet, ihre Methode vorwiegend auf die Vorbereitung der richterlichen Fallentscheidung zuzuschneiden[27]).

---

[26]) Ein verwandter Gedanke ist mit besonderer Klarheit und Eindringlichkeit in der trefflichen Schrift Lorenz Brütts, „die Kunst der Rechtsanwendung", S. 22, entwickelt worden.

[27]) Besonders deutlich tritt dies bei Heck, Problem der Rechtsgewinnung, S. 8, zu Tage. Im Zusammenhang damit steht die Betonung des Wertes der Kasuistik für die monographische Darstellung (ebenda S. 37). Diese Richtung tritt hauptsächlich in der reichsdeutschen methodologischen Literatur hervor. Weshalb? Die starke realistische, ja naturalistische Zeitströmung ist kein ausreichender Erklärungsgrund, es scheint vielmehr, daß hierin der übermächtige literarische Einfluß von Bülows an Geist und neuen Gedanken reichen, aber auch einseitigen Abhandlung, „Gesetz und Richteramt" (1885), sich äußert. Ueberhaupt wäre es eine dankbare, m. W. bisher nicht unternommene Aufgabe, die verschiedenen Spielarten der modernen Bewegung, die besonders stark in Oesterreich, Deutschland und Frankreich zu Tage tritt, nach ihrer spezifisch nationalen Färbung zu untersuchen.

Was das letztere Land betrifft, wo Genys Méthode d'interprétation et sources en droit privé positif Par. 1899 noch immer das grundlegende methodologische Werk bildet, so liegt jetzt in des genannten Gelehrten neuer Publikation „Science et Technique en droit privé posi-

Demgegenüber muß mit Entschiedenheit hervorgehoben werden, daß die Methode der Jurisprudenz als Wissenschaft sich nicht einseitig nach den Anforderungen der Praxis richten darf, sondern ihrem selbständigen Ziele angepaßt werden muß [28]).

Nach diesen orientierenden Bemerkungen sei zunächst ein Blick auf die moderne methodologische Bewegung geworfen.

V.

Faßt man diejenige Richtung ins Auge, welche nicht, wie die auf der Methode der kritischen Philosophie fussende, in erster Linie rein wissenschaftliche Zwecke verfolgt, sondern das Leben nach ihren Forderungen umzugestalten strebt, so drängt sich durch die Menge der unter diesem Zeichen stehenden Schriften und die Selbstgewißheit, mit welcher der eingeeingeschlagene Weg als der einzig richtige bezeichnet wird, die Bewegung der „freien Rechtsfindung" (Freirechtsbewegung) in den Vordergrund [29]).

---

tif I" eine Arbeit vor, welche nicht nur neue bedeutsame Eigenuntersuchungen enthält, sondern durch die umfassende Berücksichtigung der modernen methodologischen und philosophischen Literatur die erwähnte Aufgabe wesentlich erleichtern würde. Hervorzuheben ist auch das Werk P. vander Eyckens, Méthode positive de l'interprétation juridique (1907).

[28]) Bei voller Würdigung des vielen Trefflichen, was Hecks soeben erwähnte Rede enthält, muß seiner einseitigen Zuschneidung der wissenschaftlichen Methode auf den Dienst der Praxis entgegengetreten werden.

[29]) Als ihre programmatischen Schriften können die von Ehrlich, „Freie Rechtsfindung und freie Rechtswissenschaft", 1903, und die zunächst anonym unter der Bezeichnung „Gnaeus Flavius" erschienene Streitschrift: „Der Kampf um die Rechtswissenschaft" (1906), als deren Verfasser sich dann Hermann U. Kantorowicz bekannt hat, bezeichnet werden. Ausgesprochene Vertreter der Richtung sind weiter besonders Stampe (D. I. Z. v. 15. Novbr. 1905, S. 1017 f., ferner „Die Freirechtsbewegung, Gründe und Grenzen ihrer Berechtigung 1911) und Ernst

Für sie sind besonders drei Punkte charakteristisch:

Negativ die völlige Verwerfung der logisch-konstruktiven Richtung im Recht[30]), positiv die Tendenz, die Macht des Richters unter Zurückdrängung der Autorität des Gesetzes möglichst zu steigern. Hierzu tritt ein vorwiegendes Reflektieren auf solche Fälle, in denen dem Gesetzestext ein zweifelloses Ergebnis nicht entnommen werden kann[31]). Hier wird das Heil je nach der Richtung des einzelnen Schriftstellers von der Abwägung der in Frage stehenden Interessen, der „soziologischen Forschung" oder dem freien Willensentschluß des Richters erwartet. Der Versuch, die Bedeutung des Gesetzes als Rechtsquelle herab zu drücken, kann nun entweder auf dem Wege unternommen werden, daß dem Richter unter bestimmten Voraussetzungen die Befugnis zugesprochen wird, sich über den Inhalt des gegebenen Gesetzes hinwegzusetzen — hier richtet sich der Angriff gegen die Autorität der lex lata direkt — oder es kann für die Zukunft auf eine Formulierung der Gesetze hingedrängt werden, welche dem Richter für die Ent-

---

Fuchs, die Gemeinschädlichkeit der konstruktiven Jurisprudenz und „Juristischer Kulturkampf", 1912. Uebrigens tragen die Schriften des letztgenannten Autors wissenschaftlichen Charakter nur in sehr geringem Maße an sich, sie sind im wesentlichen Agitationsschriften, die durch Unklarheit der Begriffe und einen im höchsten Grade provokatorischen Stil entstellt sind. Weitere Nachweisungen über die Richtungen innerhalb der Freirechtsbewegung s. bei Neukamp, in der Deutschen Juristenzeitung, XVII. Jg. (1912) S. 44 f. Vgl. auch Heck a. a. O. S. 25 f. und neuestens Gareis, Moderne Bewegungen in der Wissenschaft des deutschen Privatrechtes, Rektoratsrede 1912, S. 13 f.

[30]) Gnaeus Flavius, der Kampf um die Rechtswissenschaft, S. 20, ferner Stampe, Freirechtsbewegung (1911), S. 8 f; gegen konstruktive Ergänzung der Lücken des Gesetzes auch Heck, Problem der Rechtsgewinnung (1912), S. 18 f., 49 f.

[31]) Bei den einzelnen dieser Richtung angehörenden Schriftstellern tritt naturgemäß bald der eine, bald der andere Punkt mehr in den Vordergrund, selbst in der Art, daß in einzelnen Streitpunkten ein neutrales Verhalten Platz greift. Es kann hier nur ein Durchschnitt durch die Bewegung gegeben werden.

scheidung des Einzelfalles möglichst freie Hand läßt[32]). Beide Richtungen sind in der Freirechtsbewegung vertreten gewesen, die schärfere zumeist am Anfang, wo man dem Richter schlankweg die Befugnis zur „Abänderung" der Gesetze zusprach und dem „Willen" und der „freien Rechtsschöpfung" ein Triumpflied sang[33]).

Unter dem Eindruck der scharfen Ablehnung, den dieser Vorstoß gegen die Gesetzestreue des Richters erfuhr[34]), ist die Freirechtsbewegung gemässigter geworden und hat die Berechtigung des Judizierens contra legem wenigstens vom Boden des geltenden Rechtes aus entweder allgemein verneint[35]) oder doch nur „in Fällen dringender Not und unter ganz besonderen Kautelen" zugelassen[36]).

Mit dieser Preisgabe oder doch wenigstens wesentlichen Abschwächung eines Programmpunktes, der dem unbefangenen Beobachter als besonders kennzeichnend für die neue Richtung ins Auge springen mußte, nähert sich die Freirechtsbewegung der schon vor ihr vorhandenen Richtung der Interessenjurisprudenz, welche die Ergänzung des Gesetzesrechtes

---

[32]) Eine interessante Kritik dieser Tendenz auf Grund eindringender Kenntnis der historischen Probleme bietet Richard Schmidt in seiner Schrift über die Richtervereine (S. 70 f., 78 f., 88 f.). Den Hinweis auf diese Schrift verdanke ich meinem Herrn Kollegen v. Woeß.

[33]) S. besonders Gnaeus Flavius, „Der Kampf um die Rechtswissenschaft", S. 15, 20, 41.

[34]) In erster Linie von Bülow im „Recht", X. Jahrg. (1903), Nr. 13, S. 773 f. Brütt, „Die Kunst der Rechtsanwendung (1907), S. 147. Unger in der Deutschen Juristenzeitung, XI. Jahrg. (1906), S. 784 f. Sohm ebenda, XIV. Jahrg. (1909), S. 1020/21.

Vermittelnd: Peretiatkowicz, „Der Methodenstreit in der Rechtswissenschaft", Grünhuts Zeitschr. f. d. Privat- u. öffentl. R., Bd. 39 (1912) S. 555 f., besonders S. 565 f.

[35]) So unzweideutig Kantorowicz in den Verhandlungen des ersten deutschen Soziologentages 1911, S. 286 f.

[36]) So Stampe, die Freirechtsbewegung 1911, S. 28 f. Wie Stampe diese Stellungnahme dem geltenden Recht gegenüber glaubt rechtfertigen zu können, möge man bei ihm Seite 29 Note 2 nachlesen.

durch Werturteile anstrebt, die auf Grund der jeweiligen Interessenlage gefällt werden sollen [37]) und der soziologischen Jurisprudenz, welche „das soziale Leben auf seine Beziehungen zu den Rechtsnormen hin untersuchen" [38]) oder „eine Induktion aus den Tatsachen des sozialen Lebens" vornehmen will [39]).

Ein Urteil über die Berechtigung dieser Methoden kann nur gefällt werden, wenn man sich vergegenwärtigt, welche Ziele durch ihre Anwendung erreicht werden können. Die soziologische Methode faßt das Recht als Tatsache des sozialen Lebens und erforscht von diesem Standpunkt aus auch alle tatsächlichen Uebungen, welche von der gesetzlichen Regelung abweichen, sofern in ihnen nur eine eigenartige rechtliche Ueberzeugung zu Tage tritt [40]). Zweifellos bietet dieses von der Seite seiner tatsächlichen Erscheinung aus betrachtete Bild des Rechtslebens ein erhebliches Interesse dar. Aber es darf darüber nicht vergessen werden, daß der Nachweis einer im Verkehr beobachteten Uebung noch nichts über ihre rechtliche Geltung aussagt, daß es hierzu vielmehr, soweit ihre normative Bedeutung in Frage steht, der Rückführung auf eine positive Rechtsquelle bedarf. So kann die soziologische Betrachtungsweise niemals die dogmatische ersetzen, so wenig, wie das Sein dem Sollen gleichgesetzt werden kann [41]).

---

[37]) Vgl. hierzu besonders Heck, das Problem der Rechtsgewinnung, Seite 28 f.

[38]) Kantorowicz in den Verhandlungen des 1. deutschen Soziologentages, Bd. I, S. 276. Vgl. oben S. 24.

[39]) So Wüstendörfer im Archiv für die zivilistische Praxis, Bd. 110 (1913), S. 222.

[40]) So besonders Ehrlich im Jahrbuch für Gesetzgebung, Verwaltung und Volkswirtschaft, Jgg. 35, S. 129 f., 136, 138 f., der das „lebende Richt" in Gegensatz zu dem bloß vor Gericht und Behörden geltenden stellt und zu seiner Erforschung auch den typischen Aeußerungen der Privatautonomie der Parteien, ja selbst der bloßen Sitte nachgehen will, da sie ja in Recht übergehen könne. Vgl. auch oben S. 24.

[41]) Dieses Ergebnis ist schon von Sinzheimer in seinem Vortrage über die soziologische Methode in der Privatrechtswissenschaft (1909), S. 13, 524 f. ausgesprochen und gut begründet worden. Vgl. auch Kan-

Die „Interessenjurisprudenz“ führt die Rechtsbildung auf die, bestimmten sozialen Grundlagen entstammenden „Begehrungsdispositionen“ zurück[42]), welche in den Geboten des Rechtes ihren dem Zweck der Rechtsordnung gemäßen Ausgleich finden. Diesem Grundgedanken gemäß soll auch die Fortbildung des Rechtes durch solche an dem Zweck der Gemeinschaft orientierten Werturteile auf Grund der Erforschung der Interessenlage erfolgen. Die Interessenjurisprudenz erkennt, wenigstens in ihren gemäßigten Vertretern an, daß der Richter an die Werturteile gebunden ist, die sich aus dem Gesetze ergeben — eventuell an diejenigen, die in der Rechtsgemeinschaft herrschen[43]). Daraus erhellt, daß auch diese Richtung das Erfordernis einer dogmatischen Darstellung des gegebenen Gedankeninhaltes des Gesetzes auf dem Wege systematischer Begriffsbildung implizite anerkannt. Sie legt jedoch den Schwerpunkt auf die Erforschung der Wertungen des Gesetzes an der Hand der Prüfung des Interessengehaltes der einzelnen Rechtssätze und will der begrifflichen Formulierung der Gesetzesbestimmungen jedenfalls keine über die Darstellung hinausgehende Bedeutung beimessen[44]).

Als vorwaltender Charakterzug der freirechtlichen wie der Interessenjurisprudenz kann bezeichnet werden, daß sie die Frage nach der juristischen Begriffsbildung und ihrer Bedeutung für die Herausstellung des vollen Rechtsinhaltes in den Hintergrund drängen und mit besonderer Vorliebe die Frage der Normgewinnung für den Einzelfall erörtern.

Auch dieser Zug ist aus der Gesamttendenz der erwähnten neueren Richtungen in der Jurisprudenz zu erklären. Wenn

---

torowicz in den Verhandlungen des ersten deutschen Soziologentages I (1911), S. 300—303.

[42]) S. Heck, Problem der Rechtsgewinnung, S. 29/30.

[43]) Vgl. Heck a. a. O., S. 32, der die Methode und Ziele der Interessenjurisprudenz am klarsten zur Darstellung bringt.

[44]) Heck in der deutschen Juristenzeitung, XV. Jg. 1909, S. 1457 f. Vgl. Problem der Rechtsgewinnung S. 39/40.

die Jurisprudenz vor allem „schöpferisch" sein will in dem Sinne, daß sie neue Rechtssätze aufstellen will, so liegt es nahe, den Wirkungskreis des vorhandenen Rechtes möglichst einzuschränken, um Raum für solche schöpferische Tätigkeit zu gewinnen. Je enger gezogen aber die Grenzen für eine sichere Erkenntnis des Rechtes sind, um so größer ist das Gebiet, das für die schöpferische Willensentscheidung frei wird. Nun findet ein großer Teil des Rechtes seine Verkörperung im Worte. Das Wort allein aber ist wegen seiner Vieldeutigkeit nicht in der Lage, den Rechtsgedanken in zweifelloser Weise zum Ausdruck zu bringen. Es wird dazu befähigt erst durch die Arbeit der Wissenschaft, welche unter Heranziehung der geschichtlichen Erfahrung und unter Vergegenwärtigung der Lebensverhältnisse die Begriffe klärt, sie in das logische Verhältnis der Ueber- und Unterordnung setzt und eine Klassifikation durchführt, welche ihrerseits wieder den Ausgangspunkt für die weitere systematische Forschung und Erkenntnis bildet. Je mehr nun die Fruchtbarkeit der logisch systematischen Arbeit in Zweifel gezogen und je mehr das Gesetz als ein blosses Konglomerat von Worten behandelt wird, um so größer erscheinen die Lücken des Gesetzes, in welche die schöpferische Betätigung des Willensjuristen hineinschlüpfen kann. So erwecken besonders die Darlegungen von Freirechtlern der extremen Richtung den Eindruck, als kennten sie nur das vieldeutige Wort des Gesetzes, das den Lebensverhältnissen gegenüber regelmäßig versagt und demgegenüber der Richter das in den Verhältnissen selbst liegende, durch Aufdeckung der Interessenlage und ihre Vergleichung zu offenbarende, oder dem „sozialwissenschaftlich geklärten Rechtsgefühl" [45]) zu entnehmende Recht zur Geltung zu bringen hat.

So kann die Frage nach der Leistungsfähigkeit der logischsystematischen Bearbeitung des Rechtes geradezu als das me-

---

[45]) Wüstendorfer, Arch. f. d. zivil. Praxis, Bd. 110, S. 223.

thodische Zentralproblem bezeichnet werden, zu dem das Lückenproblem[45a]) in engster Beziehung steht.

VI.

Um hierüber zu einem begründeten Urteil zu gelangen, muß das Verhältnis der Rechtswissenschaft zu ihrem Gegenstande und zur Gesetzgebung aufs Eindringlichste ins Auge gefaßt werden. Aus dieser Untersuchung wird sich ergeben, daß die Herrschaft, welche die Wissenschaft und mit ihrer Hilfe das Gesetz durch das Mittel der Begriffe über das Rechtsleben auszuüben im Stande ist, viel weiter reicht, als die Freirechtsbewegung mit ihrer wissenschafts- und gesetzesfeindlichen Richtung annimmt.

Den Rohstoff der Rechtswissenschaft bilden, ganz allgemein gesprochen, diejenigen durch Abstraktion isolierten psychischen Inhalte, in denen sich ein bestimmtes soziales Verhalten als durch das Gemeininteresse autoritativ geboten darstellt. Es wäre übereilt, sie ohne weiteres mit einem Inbegriff von Normen zu identifizieren, wenn man darunter den „Ausdruck eines Wollens versteht, das seine Vollziehung von andern erwartet" [46]).

Denn jede Beobachtung des Rechtslebens lehrt, daß sich das Leben der Nation keineswegs ausschließlich unter der Herrschaft von Normen gestaltet, die in das Bewußtsein ihrer Mitglieder getreten sind, sondern zu einem erheblichen Teil unter dem Einfluß eines Rechtsgefühles, welches ein bestimmtes Verhalten unbewußt innehält. Auch hier sind die der Rechtsordnung eigentümlichen psychischen Inhalte gegeben, wie sich sofort zeigt, wenn durch Widerspruch die Reaktion geweckt

---

[45a]) Vgl. hierzu vor allem Jung, „Von der logischen Geschlossenheit des Rechtes", Berlin 1900, S. 3 f. Zitelmann, „Lücken im Recht", Lpz. 1903, S. 5 f. Stammler, „Theorie der Rechtswissenschaft", 1911, S. 641 f. Géza Kiß in Jherings Jahrbüchern f. Dogm., Bd. 58 (1911), S. 466 f.

[46]) Dies die Formulierung Bierlings, Juristische Prinzipienlehre, I. Seite 29.

wird[46a]). So setzt sich die Gesamtrechtsordnung aus zwei verschiedenen Teilen zusammen: ein erheblicher und mit der wissenschaftlichen Kultur steigender Teil ihres psychischen Inhaltes tritt als Norm in das Bewußtsein der Rechtsgenossen. Ein anderer Teil entbehrt der gedanklichen Formung, ruht verborgen in den Lebensverhältnissen und kann nur durch eine geistige Entdeckertat als ein gleichzeitig neuer und doch in den Gesamtstil der Rechtsordnung sich einfügender Gedanke offenbar werden.

Die Arbeit der Rechtswissenschaft erstreckt sich auf beide Gebiete; sie hat nicht nur die Konsequenzen der bereits formulierten Rechtssätze bis zu ihren letzten Verzweigungen zu verfolgen, sondern auch das den Lebensverhältnissen gemäße, noch nicht offenbar gewordene Recht zu entdecken und ihm durch die Erhebung in das Bewußtsein die gedankliche Form zu geben.

Die Erkenntnis der verschiedenen Stufen des Rechtsgedankens führt zum Verständnis der verschiedenen Art und Weise, wie die Rechtsordnung im Einzelfalle sich manifestiert. Es kann dies entweder auf dem Wege der Rechtsfindung, d. h. so geschehen, daß aus dem Bewußtsein der zur Rechtsfindung Berufenen heraus dem konkreten Einzelfall sein Recht gegeben wird, ohne restlose Zergliederung in logische Elemente, kraft deren er unter einen bereits bekannten Rechtssatz zu subsumieren wäre. Oder es handelt sich um die Anwendung bereit liegender Rechtssätze, d. h. solcher, welche nicht erst an dem konkreten Falle gefunden werden, sondern schon bekannt sind. Hier findet stets eine logische Operation statt, indem die Tatbestandselemente des Falles den maßgebenden Begriffen, an welche die rechtliche Disposition sich knüpft, zu subsumieren sind.

[46a]) Vgl. Wundt, Logik II (1. Aufl. 1883), S. 513 und Jung, Problem des natürlichen Rechtes, 1912, S. 65 f.

Der grundlegende Unterschied beider Fälle besteht darin, daß im zweiten Falle der Rechtssatz ein von seiner Verwirklichung im konkreten Falle unabhängiges gedankliches Dasein besitzt. Daher führt bei einem Recht, dessen Entwicklung einen grösseren Bestand solcher bereit liegender Rechtssätze hervorgetrieben hat, die hinzutretende wissenschaftliche Bearbeitung und Abstraktion leicht zu der Vorstellung des den subjektiven Berechtigungen unabhängig gegenüberstehenden objektiven Rechts, aus dem jene erst abzuleiten sind. Die Epoche vorwiegender Rechtsfindung dagegen verspürt nicht die Nötigung, subjektives und objektives Recht mit dieser begrifflichen Schärfe zu trennen. Wird doch tagtäglich die Erfahrung gemacht, daß die Rechtsordnung sich erst am konkreten Einzelfalle vollendet, indem an diesem das Recht gefunden wird [47]).

In voller Schärfe tritt nun der Gegensatz zwischen der im Einzelfall sich vollendenden Rechtsordnung und dem fertigen objektiven Recht kaum jemals zu Tage. Denn schon in sehr früher Zeit enthält die Rechtsordnung eine Reihe von fertigen Rechtssätzen, welche dem konkreten Falle mit dem Anspruche, ihn zu gestalten, entgegentreten. Besonders deutlich wird dies, sobald ein, wenn auch primitives und technisch unvollkommenes Gesetzesrecht auftritt. Da es hier an der wissenschaftlichen Beherrschung des Rechtes noch mangelt, kann auch jetzt noch von einer vorwiegenden Manifestation der Rechtsordnung auf dem Wege logischer Subsumtion des Einzelfalles unter die Regel des Gesetzes oder seine systematisch entwickelten Konsequenzen nicht die Rede sein; noch immer herrscht die Rechtsfindung vor. Aber immerhin findet diese nunmehr eine Schranke am Gesetz.

---

[47]) Es ist daher durchaus begreiflich, daß dem älteren deutschen Rechte die begriffliche Scheidung des objektiven vom subjektiven Rechte noch fremd ist: der Mangel einer ausgebildeten Rechtswissenschaft läßt hier der Rechtsfindung am konkreten Einzelfall ein besonders weites Feld frei.

Der umgekehrte Fall: Vorwiegende Manifestation der Rechtsordnung durch logische Subsumtion des Einzelfalles unter ein System abstrakt normierender Rechtssätze ist überhaupt erst möglich, wenn die begriffliche Verarbeitung der Rechtssätze und die Klassifikation der Rechtsbegriffe einen hohen Grad der Vollkommenheit erreicht hat. Selbst hier würde indessen von vornherein auf der Hand liegen, daß die Beherrschung des Rechtslebens durch ein jeden möglichen Fall bereits im voraus regelndes System abstrakter Sätze niemals vollständig gelingen kann, wenn nicht zwei Umstände hinzuträten, die der logischen Bearbeitung des Rechts eine besondere Bedeutung verleihen.

Der erste dieser Umstände besteht in der Aufnahme der von der Wissenschaft geformten Rechtsbegriffe durch die Gesetzgebung. Während nämlich vom rein wissenschaftlichen Standpunkte aus die Systematisierung des Rechtes auf Grund der von der Wissenschaft erarbeiteten Begriffe nichts weiter als einen Versuch darstellt, die Gesetzmäßigkeit des Rechtslebens in möglichster Vollendung auszudrücken, führt die Aufnahme dieser Begriffe durch die Gesetzgebung zu einer eigentümlichen Veränderung ihrer Bedeutung. Sie sind nunmehr nicht mehr reines Werkzeug der Wissenschaft, welches beliebig verworfen und durch ein tauglicheres ersetzt werden kann. Vielmehr gewinnt der Begriff, indem er Teilausdruck eines mit der Autorität des Staates bekleideten Rechtsgebots geworden ist, der Wissenschaft gegenüber, deren Geschöpf er war, ein selbständiges Dasein. Dies wirkt dahin, daß die weitere Anpassung des Begriffssystems an das in seiner Entwicklung niemals stillstehende Rechtsleben zwar nicht völlig unterbunden, wohl aber verzögert wird.

Weiter aber wandelt sich mit der Verwertung des wissenschaftlichen Begriffes zum Ausdruck der staatlich gesetzten Norm die Vorstellung von der Aufgabe der logischen Bearbeitung. Für die wissenschaftliche Betrachtung ist klar, daß die geistige

Bewältigung eines Erkenntnisgebietes sich auf dem Wege seiner begrifflichen Durchdringung niemals ganz vollenden, vielmehr nur in asymptotischer Annäherung an das Ideal vor sich gehen kann. Denn es handelt sich um die Erkenntnis eines dem menschlichen Verstande gegenüberstehenden Gebietes, das im Verhältnis zu jenem stets als unendlich erscheint. Das Gesetz dagegen will nicht erkennen, sondern herrschen; es will im Interesse der Rechtssicherheit die für das soziale Leben maßgebenden Normen aufstellen, ohne daß vorher die Induktion soweit durchgeführt werden kann, daß für jeden Einzelfall die Garantie bestmöglichster Lösung des Interessenkonfliktes beschafft werden könnte. Für diesen Standpunkt gilt die der Wissenschaft durch die Natur ihrer Aufgabe gezogene Schranke nicht. Wo die beste Gestaltung des Rechtslebens mit unbedingter und objektiver Gewißheit nicht mehr erkannt werden kann, kann doch eine Norm geboten werden.

Freilich erscheint es als die vornehmste Aufgabe des Gesetzgebers, sich der gegebenen Interessenlagen in möglichst weitem Umfange bewußt zu werden und nach der treffendsten Lösung der voraussehbaren Interessenkonflikte mit der höchsten geistigen Anspannung zu streben; aber trotz der größten Sorgfalt in der Fassung der Rechtssätze läßt sich doch niemals verhüten, daß der begrifflichen Formulierung auch solche Fälle unterfallen, welche bei der induktiven Begriffsbildung keine Rolle gespielt haben. Sollte bis zu dem Momente gewartet werden, in dem die Induktion vollständig durchgeführt wäre, so wäre eine Gesetzgebung niemals möglich.

Da nun auf die gesetzliche Festlegung des Rechtes nicht verzichtet werden kann, so springt das Problem auf, wo die Grenzen zu ziehen sind, bis zu denen der auf logisch deduktivem Wege aufzuweisende Gedankeninhalt des Gesetzes durchschlägt, und von wo an die Rücksicht auf die Lebensverhältnisse die Behauptung rechtfertigt, daß ein auf induktivem Wege gefundener, zu jenem Ergebnis in Widerspruch tretender Satz ein Satz des positiven Rechtes sei.

Nichts ist oberflächlicher als die Meinung, es lasse sich eine Grenze ziehen mit Berufung auf den „klaren Wortlaut" des Gesetzes. Soweit er reiche, gelte das Gesetz unbedingt, im übrigen habe die soziologische oder die Interessenjurisprudenz freie Hand. Aber der Wortlaut des Gesetzes ist, isoliert betrachtet, niemals klar, er empfängt seine wahre Bedeutung erst durch die Feststellung der Begriffe, die, ehe der Gesetzgeber sie als Bausteine verwendete, durch eine lange vorhergehende wissenschaftliche Bearbeitung geläutert worden sind [48]; er wird weiterhin wesentlich mitbestimmt durch die Beziehung zum geistigen Gesamtinhalt des Gesetzes, der, wie der Kunststil jede Einzelheit der Ausführung beeinflußt, so jede Einzelbestimmung durchdringt.

Schon diese Betrachtungen lehren, daß das Problem nur gelöst werden kann durch Ergründung der eigenartigen Konsequenzen, welche sich aus dem Zusammenwirken von Gesetz und Wissenschaft für das Rechtsleben ergeben. Das Gesetz ist der Idee nach vernünftiger Wille, der die Unvollkommenheit seiner Manifestationsform, des Wortes, und auch etwaige Unvollkommenheiten der empirischen Erscheinungsform des im Gesetz verkörperten Willens selbst durch die Arbeit der Wissenschaft wettgemacht haben will [49][49a]. Der stärkste Beweis

---

[48]) Vgl. hierzu die schlagende Darstellung Wachs im Handbuch des Zivilprozesses I. S. 268, Ziff IV.

[49]) Daher ist die Gesetzesauslegung keine rein philologische, sondern zugleich logische Interpretation. Wo die Auslegung auf Widersprüche innerhalb der Gesetzesgedanken führt, ist mit der Konstatierung dieser Tatsache ihre Aufgabe nicht erledigt. Vielmehr ist diejenige Vereinigung der Widersprüche zu finden, welche dem Charakter des Gesetzes als eines von einheitlichen Grundgedanken getragenen Geistesproduktes gemäß ist. Von der neueren Methodologie ist diese Aufgabe als unlösbar bezeichnet und dagegen protestiert worden, dem unvollkommenen Gesetze Vollkommenheit anzudichten. Auch hier soll in die Lücke des unvollkommenen Gesetzes die Interessenwägung oder das Rechtsgefühl des

dafür, wie sehr die Gesetzgebung sich bewußt ist, ihr Gebäude nur mit Hilfe der Wissenschaft aufführen zu können, liegt darin, daß trotz des als vorhanden empfundenen Bedürfnisses einer Regelung unendlich oft auf die Aufstellung eines bestimmten Rechtssatzes im Gesetz verzichtet wird, weil die Lehre als noch nicht abgeschlossen angesehen wird.

Wenn über den Inhalt eines Satzes ausschließlich die Interessenlage entschiede — weshalb wählten dann die bei der Gesetzgebung beteiligten Faktoren nicht schlechthin die Lösung, welche sich für den gerade vorliegenden Konflikt als die praktisch brauchbarste darstellt? Die Antwort liegt darin, daß sie

---

Richters treten. Vgl. in diesem Sinne den höchst lesenswerten, klar durchdachten und glänzend geschriebenen Aufsatz Radbruchs, Rechtswissenschaft als Rechtsschöpfung im Archiv für Sozialwissenschaft 22 (1906), S. 355 f., 359, 363—65. Und in der Tat: dem unvollkommenen Gesetze Vollkommenheit anzudichten, wäre ein methodisch nicht zu rechtfertigendes Verfahren. Nach der Auffassung, die in dieser Abhandlung zu begründen versucht worden ist, steht es vielmehr so: bei voller Anerkennung der empirischen Unvollkommenheit des Gesetzes wird der Mangel auf dem Wege zu beheben gesucht, der der idealen Natur des Gesetzes als eines menschlichen Geistesproduktes gemäß ist. Das Wesen des menschlichen Geistes aber ist, wie am deutlichsten in der Aufgabe der Wissenschaft und in der Zusammenfassung der Persönlichkeit zum Charakter offenbar wird, der Wille zur Einheit und Widerspruchslosigkeit des Strebens. So findet die logische Auslegung des Gesetzes ihren tiefsten Grund in den Anforderungen, welche der menschliche Wille selbst an seine Konsequenz stellt, und die er in besonders hohem Grade auf dasjenige Geistesprodukt überträgt, das menschlichen Willen zu richten bestimmt ist. Das Gesetz wird nicht als ein Geistesprodukt betrachtet, das seine Vollkommenheit in sich trägt, sondern das sie als eine Aufgabe, die nur durch Hilfe der Wissenschaft zu lösen ist, enthält.

[49a]) Näher auf die Theorie der Gesetzesauslegung einzugehen, ist hier nicht der Ort. Doch sei in diesem Zusammenhange auf die geistreiche und originelle Schrift Wurzels, „Das juristische Denken", Wien 1904 hingewiesen, welche u. a. interessante Untersuchungen über die psychologischen Vorgänge bei der Auslegung und ihr logisches Recht enthält. S. bes. S. 40 f. Hiermit kombinieren sich wertvolle Untersuchungen über die gesetzgeberische Technik (vgl. die beachtenswerte Ausführung über die „Sicherheitsventilen vergleichbaren" Ventilbegriffe des Gesetzes (S. 86 f.).

sich wohl bewußt sind, durch die gesetzliche Festlegung eines Satzes nicht den betreffenden Punkt allein zu regeln, sondern wegen des logischen Zusammenhangs der Grundgedanken des Gesetzes in gar nicht übersehbarer Weise an den verschiedensten Stellen des Systems einzugreifen. Gerade darin wird die mangelnde wissenschaftliche Durchbildung der Lehre empfunden, daß zur Zeit ein Ueberblick über die Konsequenzen des Satzes auf entfernt liegenden Gebieten nicht beschaffbar ist. Durch diese Erscheinung wird jeder bloßen Praktikabilitätsjurisprudenz das Urteil gesprochen. Der Zweckgesichtspunkt erhellt zwar die Wirkung der aufgestellten Rechtsregel auf dem nächstliegenden Gebiete. Der Umfang der Einwirkung auf entfernt liegenden Gebieten wird aber erst durch eindringende wissenschaftliche Bearbeitung, die auf logisch-systematische Mittel angewiesen ist, klar. Kurz, die möglichst zweckmäßige Gestaltung jedes einzelnen Falles ist nicht das einzige Ideal, dem die Gesetzgebung nachstrebt. Daneben steht vielmehr das andere, durch die Einheitlichkeit des gedanklichen Aufbaues die geistige Herrschaft über die ganze gewaltige Masse des Rechts zu sichern[50]).

Diese Tendenz der Rechtsordnung, das Leben in einheitlichem Sinne zu regeln, weist den Weg zur richtigen Einschätzung des logischen Elementes. Der Gesetzgeber geht

[50]) Die Einheit des gedanklichen Aufbaues ist mithin nicht nur Anforderung an die kunstmäßige Darstellung, sondern eine Richtschnur für die Rechtsentwicklung, womit natürlich die Ablehnung des Begriffsrealismus, der „Vorstellung als regierten die Begriffe die Rechtswelt“ nicht nur verträglich, sondern sogar geboten ist. Sohm hat in der gedankenreichen Skizze in der Jubiläumsnummer der deutschen Juristenzeitung 1909, S. 1021 f. besonders die Bedeutung der Begriffe als Form der Darstellung hervorgehoben und nach der Hinzufügung des Wortes „lediglich“ könnte es sogar scheinen, als wolle er sie hierauf beschränken. Die Aufstellung des Satzes jedoch: „Die Begriffsjurisprudenz gibt uns Fingerzeige wie wir die Lücken des positiven Rechts füllen“, trägt weiter, so daß Sohm der hier vertretenen Ansicht nicht fern zu stehen scheint.

bei der Feststellung der einzelnen Rechtssätze von teleologischen Erwägungen aus. Er vergegenwärtigt sich die möglichen Interessenkonflikte und will sie durch seine Disposition womöglich sämtlich in dem Sinne schlichten, wie es für das soziale Zusammenleben am heilsamsten ist. Indem er aber auf Grund seiner teleologischen Erwägungen seine Disposition in die Form eines hypothetischen Urteils kleidet („wenn dies geschieht, so soll diese rechtliche Folge eintreten") löst er sie zugleich von der Zweckerwägung in gewissem Sinne los. Sie gewinnt der Zweckerwägung gegenüber ein selbständiges Dasein, wie das Wort dem Gedanken, die Erklärung dem intendierten Inhalt gegenüber. Wohl kann die Reproduktion von Vorstellungen, die für den Gesetzgeber motivierend waren, für die Auslegung der Bestimmung in Betracht kommen — aber dies tut der selbstständigen Bedeutung der Formulierung des Gesetzes im Sinne eines Zurücktretens der teleologischen Erwägungen keinen Eintrag — ist doch auch die Reproduktion aller Gedanken, welche für die Fassung der Disposition maßgebend waren, unendlich viel unsicherer als die Reproduktion des gedanklichen Inhaltes der Disposition selbst. An diesem Punkte setzt die logische Bearbeitung ein. Es sind sowohl die Prinzipien, wie die Folgesätze der einzelnen Rechtssätze zu entwickeln. Bei der Frage aber, ob ein aus mehreren Rechtssätzen gewonnenes Prinzip auf einen neu auftretenden Tatbestand restlos angewendet werden kann, oder durch anderweitige Rücksichten gekreuzt wird, tritt die teleologische Erwägung wieder in Kraft. Die Berechtigung zur Einführung teleologischer Erwägungen an diesem Punkte beruht aber auf folgendem Grunde: Im Rechtssatze ist die von der Rechtsordnung aufgestellte Folge nach Art eines Axioms mit dem Tatbestandskomplex verbunden, d. h. sie wird zu diesem in eine notwendige Beziehung gesetzt. Aber dennoch trägt die Rechtsfolge ein hypothetisches Moment insofern an sich, als das Gesetz damit rechnen muß, daß das stets fortschreitende Leben neue Tatbestände hervorruft, für welche bei der Emanation des Gesetzes die teleologische Erwägung nicht durchgeführt werden konnte. Hier ist die Ergänzung der teleologischen Erwägungen durch Wissenschaft und Rechtsanwendung dem vernünftigen Willen des Gesetzes gemäß. Denn die Grundlage jeder Interpretation des Gesetzes muß immer die sein, daß es durch das Auge der Wissenschaft angesehen sein und den Fortschritt sozialer Erkenntnis von der Durchdringung des ihm immanenten Sinnes nicht ausschließen will. So bildet die Grundlage der logischen Bearbeitung des Rechtes nicht der Begriffsrealismus, sondern die dem Gesetz innewohnende Tendenz nach voller Erschließung seines individuellen geistigen Gehaltes. Damit ist zugleich die Beantwortung der Frage vorbereitet, wie weit die Begriffskonstruktion auf dem Gebiete der Rechtswissenschaft berechtigt ist.

Die konstruktive Behandlung des Rechtes ist das synthetische Verfahren, welches die Rechtsverhältnisse juristisch erfaßt als Kombinationen einfacherer Begriffe, die zuvor auf dem Wege der Analyse gewonnen und systematisch geordnet worden sind; sie gewinnt unter der Voraussetzung, daß bei ihrer Aufstellung nicht rein deduktiv vorgegangen, sondern in noch näher darzulegenden Weise ein induktives Verfahren beobachtet wird, eine unmittelbar richtunggebende Bedeutung für die Fortbildung des Rechtes. Unter dieser Voraussetzung ist die juristische Konstruktion das vollkommenste Mittel, die Fortbildung des Rechtes in einheitlichem und in übersichtlichem Sinne zu fördern. Sie ist zwar nicht ein produktives, wohl aber ein regulatives wissenschaftliches Verfahren, ein solches, welches gestattet, aus verschiedenen Lösungen, welche die teleologische Erwägung zur Wahl stellt, diejenige auszuwählen, welche in den einheitlichen geistigen Aufbau der Rechtsordnung sich am besten einfügt.

Ein Beispiel mag dies klar machen[51]. Es handle sich

[51]) Es sei gestattet, dieses dem bürgerlichen Rechte des deutschen Reiches zu entnehmen und zwar, weil hier die Aufnahme der Ergeb-

um die Erforschung der juristischen Natur der Erfüllung, desjenigen Aktes, durch welchen der Inhalt einer bestehenden Schuld realisiert und das Schuldverhältnis zum Erlöschen gebracht wird. Die dogmatische Behandlung wird diesen Begriff in Beziehung zu setzen haben zu dem des Schuldverhältnisses und dem des relevanten menschlichen Verhaltens, speziell der Handlung. Der Begriff der mit rechtlichen Folgen ausgestatteten Handlung differenziert sich weiterhin, je nachdem dem Parteiwillen von der Rechtsordnung eine maßgebende Bedeutung für die Herbeiführung des Rechtserfolgs beigemessen wird (Rechtsgeschäft), oder nicht. Da die Voraussetzungen wie die Rechtsfolgen des Rechtsgeschäftes vielfach abweichend von denen der sonstigen Handlungen normiert sind, so erhebt sich die Frage, ob oder in welchem Umfange die Erfüllung dem Begriffe des Rechtsgeschäftes zu unterstellen ist. Zur Entscheidung sind die im Gesetz enthaltenen oder durch Folgerungen sich ergebenden Rechtssätze heranzuziehen, im übrigen aber die Fälle des möglichen Obligationsinhaltes nach solchen Merkmalen zu gruppieren, welche für die rechtliche Behandlung relevant erscheinen, und nun in möglichst weitgehendem Umfange und unter möglichst charakteristischen Beziehungen die Konsequenzen durchzuprüfen, welche sich bei Zugrundelegung der verschiedenen Konstruktionsmöglichkeiten ergeben. Den Vorzug verdient dann diejenige Konstruktion, welche sowohl die gegebenen Rechtssätze deckt, als auch solche neuen liefert, die einer billigen Bewertung der Interessen beider Parteien entsprechen.

Die Erfahrung lehrt, daß solche methodisch richtig durchgeführte Konstruktion in neu auftauchenden Fällen in der Regel solche Ergebnisse liefert, welche der teleologischen Nachprüfung standhalten; und sie hat vor dieser die Eindeutigkeit des Ergebnisses voraus. Während bei der ausschließlich teleologischen Betrachtung regelmäßig mehrere Entscheidungen als

---

nisse der Wissenschaft durch die Gesetzgebung besonders deutlich in die Erscheinung tritt.

gleich angemessen erscheinen, führt die konstruktive Methode wegen der eindeutigen Festlegung des begrifflichen Abhängigkeitsverhältnisses zu einer eindeutigen Festlegung des anzuwendenden Obersatzes und damit bei richtiger Subsumtion zu einem eindeutigen Ergebnis.

Und bei ihr ist nicht ausschließlich eine bestimmte Interessenlage in den Blickpunkt der Betrachtung gerückt, sondern die Gesamterfahrung, welche an der Klärung der Begriffe und der Feststellung ihres gegenseitigen Abhängigkeitsverhältnisses mitgewirkt hat, kommt der Entscheidung des konkreten Falles zu Gute.

Mithin ist es völlig unberechtigt, wenn die Freirechtsbewegung die juristische Konstruktion als ein ausschließlich deduktives, den Begriffsrealismus auf seine Fahne schreibendes Verfahren charakterisiert und damit in Mißkredit zu bringen sucht. Hiebei wird übersehen, daß die Wahl der Begriffselemente für die Konstruktion von teleologischen Erwägungen geleitet wird, da ja diejenige Konstruktion zu suchen ist, welche die sozial wertvollsten Ergebnisse liefert, die nach dem Ineinandergreifen der Gesetzesbestimmungen möglich sind[52]. Es versteht sich von selbst, daß nur durch Induktion, durch das Durchdenken verschieden gestalteter praktischer Fälle das Gedankenmaterial beschafft werden kann, welches einen Ueberblick über die Folgen der verschiedenen in Betracht kommenden Konstruktionen ermöglicht. So ist der juristischen Konstruktion die Rücksichtnahme auf die praktischen Folgen des Ergebnisses keineswegs fremd. Aber sie nimmt die Fortbildung des Rechtes unter wissenschaftliche Zucht, sie bedeutet eine Sicherung gegen die übertriebene Wertung der rechtlichen Einzelerscheinung; ihre scheinbare Abkehr von der unmittelbaren Berührung mit dem Leben ist in Wahrheit Betrachtung des Rechtslebens von

[52]) Eine andere Auffassung vom Wesen und der Aufgabe der juristischen Konstruktion vertritt Stammler, Theorie der Rechtswissenschaft (1911), S. 336 f., 355 f., 630.

einem Abstande, aus dem der gesetzmäßige Zusammenhang der Erscheinungen überblickt werden kann.

So liegt die Bedeutung der logisch konstruktiven Behandlung des Rechtes für die Entscheidung des einzelnen Falles darin, daß sie das Fazit aus den sich durchkreuzenden teleologischen Erwägungen zieht. Die einzelnen Rechtssätze stellen das Ergebnis einer Reihe von Erwägungen dar, welche die Wirkung auf das gesellschaftliche Leben in Betracht ziehen. Es kreuzen sich darin Erwägungen über die Rückwirkung der zu sanktionierenden Norm auf die individuelle Wirtschaft der beteiligten Subjekte (z. B. in der Regelung der Kündigung beim Lohnvertrag) auf die soziale Lage gewisser Klassen (Wuchergesetzgebung) über die richtigste Gestaltung der Voraussetzungen für die prozessuale Durchsetzung des Anspruches (Verteilung der Beweislast) und dergleichen mehr. Die begriffliche Bearbeitung des Rechtes liefert das Ergebnis, welches sich als die Resultante aller dieser teleologischen Erwägungen darstellt. Sie beseitigt aus der Reihe der urteilsbestimmenden Faktoren alle diejenigen Gefühlsmomente, welche das Ergebnis nicht durch ihren objektiven Wert, sondern durch ihre psychologische Momentwirkung, durch die zufällige Stärke des gegenwärtigen Affektes, durch den möglicherweise völlig unbewußt wirkenden Konnex des Richters mit geltend gemachten Interessen beeinflussen würden. Sie verhindert, daß objektiv berechtigte teleologische Zusammenhänge nicht berücksichtigt werden.

Noch mehr: Der auf konstruktivem Wege herausgestellte Rechtssatz bedarf trotz der Lenkung durch teleologische Erwägungen, die bereits im Verfahren selbst wirksam sind, noch einer weiteren Ueberprüfung unter dem Gesichtspunkt seines sozialen Wertes; denn das Rechtssystem vermag so wenig wie das Begriffssystem irgend einer andern Erfahrungswissenschaft die in ihren Kreis fallenden Erscheinungen restlos zu decken; die Fassung der Begriffe muß mit Notwendigkeit unvollkommen bleiben, weil zu ihrer Formulierung stets nur eine endlich begrenzte Zahl von Fällen, in denen die Reaktion des Gemeinrechtsbewußtseins unmittelbar zu Tage tritt, herangezogen werden konnte. Und die das Leben in technischer und sozialer Richtung beherrschende Entwicklungstendenz erzeugt täglich neue Rechtsfragen und Interessenlagen, welche ihre Entscheidung und ihre Regelung von dem Zusammenwirken von Gesetz und Jurisprudenz erwarten. Mit der Verwendung des Telephons im rechtsgeschäftlichen Verkehr erhebt sich die Frage, ob der Vertragsantrag durch Telephon wegen der Möglichkeit sofortigen Meinungsaustausches der Parteien als „unter Gegenwärtigen" gestellt angesehen und dementsprechend rechtlich behandelt werden kann und soll, obgleich die Verhandelnden räumlich getrennt sind, vielleicht in weit entfernten Ortschaften sich befinden. Die Eroberung der Luft durch Flugzeuge, die mit motorischer Kraft ausgestattet sind, weckt das Problem, ob bei vorkommenden Unfällen die Flugzeugbesitzer derselben strengen Haftung zu unterwerfen sind, wie die Eisenbahnunternehmungen und Automobilhalter, für die im positiven Gesetz bislang allein eine Sondernormierung der Haftung besteht. Hier kann die Entscheidung im Sinne der vorzunehmenden Interessenwägung gefällt werden, wenn die vorliegende begriffliche Fassung des Gesetzes mit Sicherheit als eine solche erkannt werden kann, welche ausschließlich auf unvollkommener Induktion beruht. Es tritt also zu der Deduktion aus Begriffen ein induktives Verfahren hinzu, welches die zu enge Begriffsfassung korrigiert und das auf deduktivem Wege gewonnene Ergebnis zurechtrückt. Niemals aber kann auf dem Gebiete der dogmatischen Rechtswissenschaft die Interessenwägung oder die Induktion aus den Erscheinungen des sozialen Lebens ausschließlich das Feld beherrschen oder auch nur in erster Linie stehen. Sie kann nur ergänzend hinzutreten, vor allem da, wo den neu auftretenden Verhältnissen gegenüber die begriffliche Fassung des Gesetzes versagt.

Metzger & Wittig, Leipzig